コロナショックと昭和おじさん社会

河

JN111000

日経プレミアシリーズ

プロローグ
コロナ禍がさらした「昭和のツケ」

パンドラの箱がいま開いた

こんなことになるなんて、誰が思ったでしょうか。

2020年2月にクルーズ船でクラスターが発生したときも、どこか他人事でした。100年に一度のパンデミックと言われても、それがどういう世界かだなんて、全く想像できませんでした。

ところが、あれよあれよという間にそれまでの〝当たり前〟が消え、仕事が途絶え、人との接触を制限され、新型コロナウイルス感染拡大の防止策は、社会にも大きな混乱と問題をもたらしています。

2月27日に安倍晋三首相が突然表明した「全国すべての小学校、中学校、高校、特別支援学校への臨時休校要請」で、共働き世帯、シングルマザーやシングルファザーはプチパニックになり、非正規の教員は解雇され、給食などを提供する小企業は仕事を失いました。その余波は感染拡大とともに広がり、仕事も家も突然なくなる人たちが続出。介護ヘルパーに頼っていた高齢者は孤立し、さらには、医療現場や介護の現場で感染が拡大し、「医療崩壊」という今まで聞いたことのない言葉が、連日報じられました。

「いったいなんで、こんな酷い目にあわなきゃいけないんだ。私たちが何をしたというんだ？」

誰もがそう思ったに違いありません。だって、今まで積み上げてきたことが、ゴロゴロと音をたてて崩れ去っていき、虚しいやら悲しいやら。問題山積なのです。

でも、コロナ禍で起きているすべての問題は、コロナ前の社会に内在していたものです。社会のしくみに無理がきていたにもかかわらず、目をつむっていたことが顕在化したにすぎません。

社会のさまざまな秩序の中でたまっていたひずみが、物理的にも心理的にも噴き出した。

パンドラの箱。そう。コロナが「パンドラの箱」を開けたのです。

日本の〝昭和〟はまだ終わっていない

今の日本社会のしくみは、１９７０年代高度経済成長期の「社会のカタチ」を前提につくられたものです。「長期雇用の正社員」「夫婦と子ども2人の4人家族」「ピラミッド型の人口構成」といった昭和期のカタチをモデルにしています。

１９９０年代を境に「雇用のカタチ」「家族のカタチ」「人口構成のカタチ」はすべて変わったのに、〝昭和〟のままなのです。非正規雇用は4割になり、単身世帯やシングルマザーは急増し、人口構成はカクテルグラス型になったのに、日本社会は、「昔のモデル」をベースに動き続けています。

その顚末《てんまつ》が、ワーキングプアやさまよい続ける氷河期世代を生み、高齢者の孤独死や介護現場の慢性的な人手不足をもたらしました。

私は12年以上、「日経ビジネス電子版」（旧・日経ビジネスオンライン）のコラムを書き続けているのですが、こういった問題に起因する、腹立たしい出来事や痛ましい事件を何度も取り上げてきました。しかし、問題が解決されないままに次の問題が生じ、まるで毛糸の糸が絡まるように複雑化し、だんだんと「見て見ないふり」をする人が増えていったように思います。

そして、コロナ感染が拡大し防止策が講じられる中、これらの問題が一気に噴き出した。昭和モデルに属さない人たちがこぼれ落ちることを余儀なくされた。パンドラの箱から次々と隠されていた問題が噴き出しているのです。

アフターコロナ議論で置き去りにしてはいけないもの

今、「アフターコロナ」という言葉が象徴するように、新しい社会はどうなるのか？　どういう生き方をすればいいのか？　を多くの人が模索しています。

これまで一向に進まなかった時差通勤やテレワークが加速し、「やっとあの苦痛から逃れられる！」「権力を盾に新しい道を阻んでいた『ジジイの壁』を倒す絶好のチャンスだ！」

と新時代の働き方・生き方に期待を寄せています。

でも、ここでちょっと立ち止まってほしいのです。みなが同じ方向に向かっているときは、こぼれ落ちるものを見逃してしまいがちです。

これまで社会のひずみを生んできたそもそもの原因と、今、起きている出来事に正面から向き合わないと、問題はなかったことにされてしまいます。そして、また繰り返されます。そのときには「私」の問題になっているかもしれないのです。

そこで本書では、これまで書いてきた日経ビジネス電子版のコラムを大幅に修正・加筆し、問題点と改善点、さらには、今後の日本社会の未来を考えてみたいと思います。人は環境で変わるし、人は環境を変えることができる。その「人」の可能性を信じるか否か。それは私たちの選択次第です。

今回のコロナ禍で、命の現場の最前線に立ち続けた医療従事者・介護や保育の現場のみなさま、私たちの日常を支えてくれたエッセンシャルワーカーのみなさま、感染拡大を止めるために昼夜問わず分析し続けてくださったクラスター対策班の専門家のみなさまに、心より感謝いたします。

そして、悲しくも他界された志村けんさん、岡江久美子さんはじめ、919人（2020年6月11日AM時点）のみなさまに、心よりご冥福を申し上げます。

2020年6月

河合　薫

目次

高校生が見た夢物語と2020年の日本
悲劇は現実とのズレから起こる
テレワークは普及したのか　データが語る実態
「イメージ」で動く日本社会
「一億総中流幻想」はどこから生まれたか
70年代終わりに中流社会は崩れ始めていた
無責任な人ほど出世する？
突発的な変化は格差を浮き彫りにしてしまう
オリンピック開催とまやかしの希望

グループ一九八四年の予言
競争を好んでいるのに平等を求めるという矛盾
「勝ち組の下っ端でもいい」からしがみついていたい
老いる社会の闇
分刻みで働くのに
日給7000円台の訪問介護の現場
「40年前の家族スタイル」を前提にしたシステム
失業者ともカウントされないミッシングワーカー
日本の介護保険制度とドイツとの違い

第3章

若者も中高年も女性も働きづらい理由

日本の会社のしくみは既に無理がきていた？

海外企業を知る人たちの日本企業への違和感
会社は「コミュニティ」から「プロジェクトの塊」へ?
「フリーランス礼賛社会」の闇
「財産をなげうってでも雇用は守る」
「無職の専業主婦」が炎上した背景とは
なぜ優秀な女性を半分の賃金で雇えるのか
シングルマザーの貧困と消えぬ「世帯主」思想
30代会社員がバブル世代から学びたいこと
29歳以下の若手ほど働きがいを感じていない日本

第4章

広がり過ぎた格差のゆくえは

男性は中高年期から貧困リスクが高まる
最低賃金で働く人は10年で4倍も増えている
老人ホームで働く老人たちのリアル
欧米では、非正規の賃金は高くて当たり前
非正規が4割を占めるのに社会は正社員前提？
誕生日を祝ってもらえない子どもたち
どんなに先生が頑張っても学力が上がらない学校
努力の機会を奪われる家庭
なんのために働くのか？
社会の基盤を支える人たちの姿

第5章

これから始まる社会のニューノーマル

昭和おじさん社会からの脱却

変化する社会に「私」がいない

コロナで居場所を失った人々の声

「家族に頼るべき」という暴論

生産性というモノサシから抜け出す

あえて無駄をつくれ！
働く人の生きる力とＳＯＣ（首尾一貫感覚）
「人生捨てたもんじゃない」と思える社会とは
新しい社会のカタチをつくる「他人力」

第1章

終わらない昭和おじさん社会

日本社会の「イメージ」と「現実」

高校生が見た夢物語と2020年の日本

恋愛、ウエディングドレス、花嫁、結婚……。そんなバラ色の未来を夢見る女子高生だった私は通学電車で、〝お父さん〟たちが座ったときに見える、ずり下がった靴下が無性に嫌いだった。

「もっとシャキッとすればいいのに！」などと落胆する半面、「でも、みんな家に帰ると素敵な奥さんが待ってるんだよなぁ。うん、家族のために頑張ってるんだ、仕方がない」と、未来の結婚生活を妄想し、許してあげた。

それから20年超が過ぎた2014年。私はある数字に愕然とする。

「男性の5人に1人が、生涯一度も結婚しない」という大きな見出しが新聞に踊っていたのだ。私が高校生だったときには3％にも満たなかった生涯未婚率が20％を超え、非正規社員にいたっては、30代の7割近くが未婚だった。

世間では「非正規の賃金を上げないと少子化は解消できない」と声をあげる人たちがいる

一方で、「1人で食えなくとも2人なら食える」「結婚をするしないは個人の自由」「正社員になる努力、本当にしているのか」という意見も飛び交った。

政府は数字が公表される1年前の2013年に「少子化危機突破タスクフォース」なるものを立ち上げ、少子化対策は若年層にターゲットを絞ると断言していた。つまり、「若さ」に少子化解消の夢を託し、若年層の恋愛調査の実施、婚活イベントへの財政支出、恋愛を語る会、若年の新婚世帯の住宅支援、などを順次実施していたのだ。

ところが、である。2017年に再び衝撃的な数字が世間を飛び交った。

「2020年には、50歳以上の人口（3248万8000人）が、0〜49歳人口（3193万7000人）を追い抜き、日本女性の過半数が出産期を終えた年齢になる」と。[1]

これには、かなりグサッときた。なんと国は合計特殊出生率を計算する際に、49歳までの女性を「母親になり得る」とカウントしていたというではないか。つまり、私は「出産期を

1 河合雅司『未来の年表――人口減少日本でこれから起きること』講談社現代新書

終えた年齢」の1人。兄と私を育て上げた77歳（当時）の母親と一緒のグループだった。嗚呼。

いや、問題の本質はそこじゃない。

それまで私は、「産めや、増やせや、でもって働けや！」と、戦時中並みの圧力をかけられている若い女性たちの苦悩に何度もペンを走らせ、「戦力外でホントごめんなさい。個人的には〝まだ〟イケるかもと思っているのですが……（冷汗）」なんてことを冗談交じりに言っていたのだが、そもそも希望出生率1・8自体が夢物語だった。未来の母親たちが1人で5〜6人産めば可能かもしれないけど。

悲劇は現実とのズレから起こる

さて、冒頭からこんなお話をしているのは、自分のイメージと実態がズレているときに生じる「顚末」を伝えたかったからだ。

例えば、社会は2014年の生涯未婚率の背景にあった「30代の非正規雇用の7割が未婚」という事実、すなわち「非正規の低賃金問題」を置き去りにして動いていってしまった。「若い世代で草食化が進んでいる」「若い人たちは面倒くさい人間関係を嫌う」「若者は結婚でさえコスパで考える」というイメージから、「若者たちが結婚したくなる」であろう戦略に走った。それは「結婚したくてもできない人たち」の排除をもたらし、「８０５０問題」や「中高年のひきこもり」といった、その後社会を揺るがす問題につながったのではないか。

あるいは、女性活躍というスローガンの下「女性が働きやすい職場＝子育てと仕事の両立」というイメージが先行し、子どものいない、あるいは持たない選択をした女性たちが職場で悲しい思いをしたり、若い女性たちの働きづらさ、生きづらさにつながったのではないか。しかも、出生率は下がり続け、19年の出生率は１・３６で前年より０・０６ポイントも低い。

世間で起こる問題は例外なく、それまでの流れの過程で生まれたもので、ある日突然、卵から飛び出すわけじゃない。天気予報が外れるときは大抵、大気の流れを無視し、目の前の現象にとらわれたときだ。

事実、コロナ禍で生じているさまざまな問題は、以前から社会に存在していたのにないものにされてしまったり、社会の無理な動きの中でたまり続けたりしたひずみが、表面化したにすぎない。

というわけで、あなたのイメージが実態を捉えているかをチェックしてほしい。次の社会の事実に関する6つのクイズに答えてください。

1. 失業者のうち「失業給付を受けていない人」の割合は？
A. 6％　B. 56％　C. 77％

2. 非正規雇用者の雇用保険加入率は？
A. 43・9％　B. 54・7％　C. 67・7％

3. 緊急事態宣言後の正社員のテレワーク実施率は？
A. 27・9％　B. 57％　C. 97・8％

4. 子どものいる女性の就業率52％のうち正社員は？

A. 8％　B. 18％　C. 55％

5. 子どもを持つ女性が働く目的で圧倒的に多い理由は？

A. 社会とのつながり　B. 家計のため　C. 生活にメリハリをつけるため

6. 学校が休校になりオンライン授業などが導入されたが、公立学校の実施率は？

A. 5％　B. 29％　C. 46％

テレワークは普及したのか
データが語る実態

では、順番に正解と簡単な解説をしよう。

1問目。日本の失業給付を受けていない人の割合は77％（C）で、世界的にかなり高い。

ドイツがダントツに低く6％（A）、フランス20％、カナダ56％（B）、アメリカ59％、中国84％で、日本はワースト2位だ。[2] 1997年頃までは失業者に占める雇用保険受給者比率＝失業給付率は約6割であったが、非正規の増加により2008年には約3割に低下した。それを受け、2010年の雇用保険法改正で雇用保険の適応範囲を拡大した。

しかし、受給できる要件の緩和や給付内容の見直しを行わなかったため、受給率は改善されず2割台にとどまっている。[3] 目の前の生活を保障する福祉政策を置き去りにし、単に再就職支援に軸足を置いた雇用政策を進めたことによると考えられる。

2問目。雇用保険の適応範囲拡大により非正規の加入率は67・7％（C）まで改善するが、正社員は99％だ。健康保険にいたっては54・7％（B）とさらに下がる。[4] また、非正規という雇用形態をとりつつ正社員と全く同じ労働条件（完全フルタイム、雇用期間不明）の「名目的非正規雇用」、いわゆる「名ばかり非正規」の雇用保険加入率はたったの43・9％（A）しかない。[5]

3問目。緊急事態宣言が出された2020年4月7日のあと（4月10日〜12日）に全国の就業者約2万6000人を対象に実施した調査では、正社員のテレワーク実施率は全国平均で27・9％（A）だった。[6]

一方、同時期に経団連が行った調査では97・8％（C）[7]。調査対象が「社員」と「企業」の違いはあるが、この差は大きい。また、5月上旬にテレワークを行っている人の57％（B）が、テレワークに満足していると答えている。[8]

では、続いて4問目と5問目。子どもを持つ女性の就業率は52％で、そのうち正社員が占

2　ILO (2009). The Financial and Economy Crisis : A Decent Work Response
3　金井郁「雇用保険の適用拡大と求職者支援制度の創設」『日本労働研究雑誌』2015年6月号
4　厚生労働省「平成26年就業形態の多様化に関する総合実態調査」
5　有田伸「正規・非正規雇用間報酬格差の総合的分析——従来の区分と客観的労働条件に基づく区分の比較・組み合わせ」東京大学社会科学研究所　パネル調査プロジェクト　ディスカッションペーパーシリーズ
6　パーソル総合研究所が全国インターネットで実施
7　経団連の会員を対象に2020年4月14日〜17日に実施
8　日本生産性本部が全国1100名を対象に2020年5月11日〜13日に実施

める割合はたったの8％（A）。20～39歳では「正社員」は18％（B）、もっとも多い雇用形態は「パート・アルバイト」が55％（C）だった。[9] また、同調査で「働く目的」を聞いたところ（複数回答）、圧倒的に多かったのが「家計のため」（B）86％、次いで「社会とのつながり」（A）40％、「生活にメリハリをつけるため」（C）19％だった。

6問目。新型コロナ感染拡大防止で学校が臨時休校になり注目されたオンライン授業だが、同時双方向型のオンライン学習に取り組めた公立学校はわずか5％（A）だった。デジタル教材の活用も29％（B）と半数にも満たない。[10] また、大学でも46％（C）にとどまった。[11]

一方で、多くの私立の学校がすべての生徒にパソコンを配布したり、朝のホームルームから全コマを双方向のオンライン授業にしたり、全員がデジタル教科書を使えるようにするなど学びの機会を確保していた。

というわけで、正解は1＝C　2＝C　3＝A　4＝A　5＝B　6＝A。

「イメージ」で動く日本社会

さて、あなたのイメージは実態と同じだった？　あるいはかけ離れていた？

本書執筆にあたり約２００名の人たちにチャレンジしてもらったが、すべて正解したのはたったの１人だった。しかも、先ほどの質問のうち問３と問４はメディアでも報じられていたのに、正答率は他の問いと変わらなかった。

人間とは実に厄介な生き物で、自分のイメージで世の中を見る。目の前で起きていることでさえ、見間違うことがある。大抵の場合、悪気はない。ただ、人は思い込みで動くという性質があるので、つい見過ごしてしまうのだ。

「人の心は習慣で動かされる」。これは、認知心理学の生みの親であり、文化心理学の育て

9　エン・ジャパンが子どもを持つ女性639名対象に2015年6月25日〜7月1日に実施
10　文部科学省「新型コロナウイルス感染症対策のための学校の臨時休業に関連した公立学校における学習指導等の取組状況について」（2020年4月16日時点）
11　ＬＩＮＥリサーチによる調査結果

の親と呼ばれた米国の教育心理学者ジェローム・セイモア・ブルナー博士の有名な言葉だが、ここでの習慣とは、平たく言い換えれば「イメージ」である。

安倍首相は2月27日に突如、「全国すべての小学校、中学校、高校、特別支援学校への臨時休校要請」を発表した。あの決断で本当に子どもを新型コロナウイルス感染から守れたかどうかは、どこの窓からのぞくかで意見は割れるであろう。

しかしながら、突然の休校が、いまや専業主婦家庭よりはるかに多数派となった共働き家庭や、あるいはひとり親家庭にパニックをもたらし、社会に混乱を招いたのは確かだった。安倍首相はその決断がここまで混乱を起こすなど微塵も予想しなかったに違いない。

悲しいかな、日本ではこれまでも多くのものが見過ごされてきた。「雇用のカタチ」、「家族のカタチ」、「人口構成のカタチ」は1990年代を境に大きく変わったのに、実態に向き合ってこなかった。イメージで日本社会が動き、これまでだましだましやり過ごされてきた問題が、コロナ禍をきっかけに表面化した。

そして、いつだって社会の急激な変化で、窮地に追い込まれるのは社会的な〝弱者〟だ。「慢性的なストレスにさいなまれている人は、突発的なストレスに襲われたときにダイレクトにダメージを受ける」とはストレス学の定説だが、今回のコロナ禍でも全く同じ現象が起きてしまったのだ。

「一億総中流幻想」はどこから生まれたか

今の日本社会のしくみの土台は高度成長期の「カタチ」を前提につくられたものだ。1960～70年代は「一億総中流」と呼ばれた時代である。当時は、まだ貧しい生活をしている人たちもいて経済格差はあった。にもかかわらず、実に9割の人が「自分は中流である」と認識していた。その根拠となったのが、図1－1の「国民生活調査」における生活程度に関する問いの答えだ。

1958年には「中（中の上、中の中、中の下）」の割合は7割程度だったが、73年には

図1－1
1960年代、70年代に“中流”は増えた

問．お宅の生活程度は、世間一般からみて、
この中のどれに入ると思いますか？
［上、中の上、中の中、中の下、下］

	上	中の上	中の中	中の下	下
1958年	0.2	3.4	37.0	32.0	17.0
1960年	0.4	3.9	40.8	31.5	13.6
1965年	0.6	7.3	50.0	29.2	8.4
1970年	0.6	7.8	56.8	24.9	6.6
1973年	0.6	6.8	61.3	22.1	5.5

（％）

出所：『国民生活に関する世論調査』https://survey.gov-online.go.jp/index-ko.html より著者作成

9割を超え、「中の中」に限ると倍近く増えているのがわかる。「所得倍増計画」により年々給料が増え、家にはテレビ、洗濯機、冷蔵庫、クーラーなど新しい家電製品が並び、「過去の自分より今の自分の方がいい生活をしている。もっともっといい生活ができる」という実感と、将来への希望が中流意識を拡大させた。

「もっともっと上に行ける」という感覚は仕事でも持てた。

この頃の男性のライフコースは、「大学を出て大企業に就職し定年まで勤め上

げる」タイプと「高校を卒業し中小企業に就職する」タイプに大きく分かれていた。ただし、中小企業から大企業への転職が比較的容易に行われていた。また、中小企業にとどまるブルーカラーのうち、約半分がホワイトカラーに移行していたことがわかっている。[12]

一方、大企業に就職した人が転職することは稀だった。むしろ転職はマイナスで、同じ会社で勤め上げることが〝エリート〟の証しでもあった。ちなみに、当時の四年制大学への進学率（男性）は13・7％（1960年）から27・3％（72年）と急増している。

つまり、1960〜70年代の日本は、「高卒でも3割の〝エリート〟の仲間に入れるぞ！」と希望を持てる、〝マインド的にも高度成長期〟だったのである。

かたや、女性は20代前半までの短い間働き、大半は20代後半から妻として、母として家庭にとどまっていた。いわゆる「寿退社」「腰掛けOL」と言われた時代だ。また、1950年代までに結婚した夫婦の出会い方の主流は「見合い」で、「幼なじみ・隣人関係」といった

12 岩井八郎「高度成長期以後の学歴とライフコース」『教育社会学研究』46巻

地縁結婚だったが、65年以降「恋愛」が逆転し、「職場や仕事の関係で」といった職場結婚がもっとも多く全体の3割を占めた[13]。

これらの実態に私の妄想も若干加えると、当時の〝エリート〟は大卒一括採用で大企業に就職し、社内恋愛で結婚し、女性は専業主婦になり、子どもを持ち、マイホームを建て、定年後の悠々自適の生活が約束されていた人たちだった。

「雇用のカタチ＝長期雇用の正社員」「家族のカタチ＝夫婦と子ども2人の4人家族」という、〝エリート集団〟をモデルにした社会ができあがったのだ。

70年代終わりに中流社会は崩れ始めていた

しかしながら、案外早い時期から「一億総中流時代」はほころびをみせる。

1970年代後半のオイルショック以降、中小企業から大企業に転職する道は閉ざされてしまったのだ。それまで縮小傾向にあったホワイトカラーとブルーカラーの所得格差も拡大に転じ、派遣や嘱託の非正規が増え、社会進出した女性たちの多くは安い賃金のパートで雇われていた。社会がバブルに浮かれ、青年実業家と呼ばれる人たちが不動産業などで大枚を稼ぎ、カネを使いたくて仕方のない人が溢れる片隅で、開かれていた門は閉ざされ、決して交わることのないレールが出来上がっていったのである。

やがてバブルが崩壊し、企業は「無駄をなくせ！」を合い言葉に、リストラと成果主義でコストを徹底的に削減した。文化も習慣も企業の成り立ちも違うのに、アメリカ型経営を輸入した。

この１９９０年代以降の日本企業のトップこそが、昭和モデルの〝エリート〟中のエリートだ。

『リゲイン』片手に24時間働き、北は北海道から南は沖縄まで「行け！」と命じられれば二つ返事で単身赴任し、上司のパワハラを「愛だ！」とポジティブに受け止め、休日はゴルフ外交、麻雀外交に付き合い、努力と忍耐と体力で会社組織の最上階の希少な椅子にたどり着

13　岩澤美帆・三田房美「職縁結婚の盛衰と未婚化の進展」『日本労働研究雑誌』２００５年１月号

いた人たちである。

そんな彼らがおそらく中間管理職だった1984年、実に興味深い調査結果が報告されている。経営学者の清水龍瑩《りゅうえい》氏（故人）が、日本電気、日立製作所、東芝、三井物産、三菱商事、日商岩井（現・双日）といった名だたる日本の大企業に勤める40代の社員、計1470人を対象に、「どういう人が昇進するのか？」を分析した論文である。[14]

無責任な人ほど出世する？

論文の冒頭で清水氏は、「わが国企業の中間管理職者がその優れた能力によって企業組織を支え、企業の成長に大きく寄与している。及び、中間管理職の評価基準が、わが国社会経済全体の一本化された人間評価の考え方の根源となっている。社会全体が大企業中心の考え方になっていて、受験戦争の原点となっている。大企業の中間管理職の実態、特に昇進との関連を調査することが極めて重要である」と、研究の目的を記している。調査では、中間管理職の学歴や出身地、体格、趣味、結婚・子供の有無に加え、考え方・行動に関する質問項目を用い、昇進との関連を検討した。

その結果、部課長までの昇進には「学歴と早い時期の評価」が圧倒的に重要で、「旧帝大の卒業者」がもっとも早く昇進していたことがわかった。また、交渉力、運への自信、指導力、昇進意欲などが昇進には重要であった。しかしながら、「責任感の強さは、昇進を妨げる可能性が高い」という、なんとも残念な結果が得られたのである。

責任感の強い人は正義感も強いため、自らの責任に加え他者への責任追及も厳しい。逆に、嘘をつきとおす人のおかげで責任追及を免れる人もいる。事なかれ主義が大好きな日本人には、責任感の強さは出世には邪魔なだけなのだろう。もっとも、世界中に「無責任な人ほど出世する」という言葉があるようだが。

いずれにせよ、人間の価値観はそうそう簡単に変わるものではないし、心はそれまで培ってきた習慣で動かされる。目の前に存在する絶対的な事実でさえ、視覚機能を無意識にコン

14　清水龍瑩「わが国大企業の中間管理者とその昇進」『三田商学研究』26巻6号

トロールし、見たいものだけを能動的に見る術を人は持っている。おまけに、人はしばしば自分でも気がつかないうちに「権力」の影響を受け、その影響力は極めて強力かつ広範囲にもたらされる。

つまり、不幸にも〝昭和のエリート〟が陣頭指揮をとったことで、社会のカタチが変わった平成の時代にまで「昭和のカタチ」が引き継がれてしまったのだ。

しかも困ったことに、彼らはひずみから血が噴き出そうとも、ひたすら絆創膏を貼るだけだった。なぜ、その傷ができたのかを考えることもせず、絆創膏対策をとり続けたことで新たな問題が生まれ、非正規、フリーランス、シニア社員、単身世帯、介護など、「雇用のカタチ」、「家族のカタチ」、「人口構成のカタチ」の変化に起因する問題は山のように積み重なった。

この「パンドラの箱」を、コロナが開けたのだ。

突発的な変化は格差を浮き彫りにしてしまう

今後さらに深刻になるであろう格差問題は、健康社会学的には「リソース」の問題と捉えることができる。

リソースは世の中にあまねく存在するストレッサー（ストレスの原因）の回避、処理に役立つもののこと。お金や体力、知力や知識、学歴、住環境、社会的地位、サポートネットワークなどはすべてリソースで、リソースはウェルビーイング（個人の権利や自己実現が保障され、身体的、精神的、社会的に良好な状態）を高める役目も担っている。例えば、貧困に対処するにはおカネ（＝リソース）が必要だが、金銭的に豊かになれば人生満足度も高まるといった具合だ。

資本主義社会ではカネのある人ほど、さまざまなリソースの獲得が容易になり、「持てる者」は突発的な変化にもすばやく対応できる。

小中高一斉休校のときに真っ先にベビーシッターを利用できたのは、社会的地位の高い共働き世帯だった。テレワークにスムーズに移行できたのは、大企業に勤める正社員だった。彼らの自宅には、テレワークが可能になるパソコン機器やＷｉＦｉ環境が整備されていた。子どもの学習の遅れが危惧される中でも、リソースが豊富にある家庭は、家庭教師、個別指導塾、パソコンやタブレットでのオンライン学習、通信教材などを選択できた。

一方、おカネがないと、その他のリソースも手に入れられなくなる。このようなリソースが欠けた状態は慢性的なストレスになり、突発的な出来事に襲われるとダイレクトにダメージを受ける。さらにリソースが欠けた家庭の子どもは、進学する機会、仕事に就く機会、結婚する機会など、すべてにおいて機会が剥奪されてしまうスパイラルに入り込み、機会格差が生じていく。

しかも、リソースが欠けた状態は「孤独感」と背中合わせだ。

他者と共に過ごし、信頼をつなぐことで安心を得てきた人間にとって、共に過ごす人がいないことは絶え間ない不安につながっていく。おカネがない、知識がない、情報がない、サポートしてくれる人がいない、相談できる人がいない、気兼ねなく話せる人がいないなど、リソースが次々と制限され、社会から切り離される。

まさに希望なき社会。それが日本の姿なのだ。

オリンピック開催とまやかしの希望

１９９０年代初頭のバブル崩壊以降の日本は、「失われた20年」と呼ばれるようにリーマンショック、東日本大震災と経済は停滞し、閉塞感が漂うようになる。ところが、今からちょうど7年前。社会のあちこちに「希望」の文字が躍り、さまざまなところで景気のいい「数字」が算出された。東日本大震災の余波が残る日本が、「復興五輪」という名の下、オリンピック招致に成功したのだ。

そのときの世間の空気感と私が懸念したことを共有したいので、２０１３年9月に日経ビジネス電子版に掲載したコラムの一部を以下に紹介する。[15]

＊　＊　＊　＊　＊

【朗報なのにザラつく気持ち】

東京での開催が決まった五輪が行われる7年後の2020年、私たちはどうなっているのか？　私たちは何をしているのだろうか？　はたまたニッポンはどうなっているのか？

私は今の空気に、少々戸惑っている。日本中が歓喜に満ちている中、そんな気分になれない。

もちろん東京でオリンピック・パラリンピックが開催されるのは、純粋にうれしい。一流のアスリートたちのプレーをこの目で見たいし、「ビジネスチャンス到来！」と、過剰なまでにボルテージを上げている人があっちこっちにいることも、それはそれで歓迎すべきことだ。

でも、なぜか気持ちがひどくザラつく。何だろうか、この感覚？

「7年後って60歳ですよ。給料、今の半分になって今と同じ仕事しているんだろうなぁ～」

「オリンピック景気で、お給料だって上がっているかもしれないじゃないですか？」

「ないない。そんなことは絶対にないでしょ。何も変わんないよ。一度減らされたものが増えることはないよ」


これは開催地決定の翌日、仕事の打ち合わせの席で交わされていた50代の上司と30代の部下とのやり取りである。

「ない、ない。それはない」と、私も50代上司に同調した。

だって、オリンピックが決まったからといって、〝今ある問題〟が、解決するわけではないからだ。


雇用が増えるといっても、正社員雇用が増えるとは思えない。景気が良くなるといって

15　「希望を持てた？」五輪開催に浮かれる人に感じた〝距離〟――真の希望を教えてくれた佐藤真海選手の言葉　２０１３年９月17日日経ビジネス電子版より

も、賃金が爆発的に上がるとは思えない。終身雇用に戻るとは思えないし、過労死がなくなるとも、自殺する人の数が激減するともまったく思えない。

「希望を届けることができた」と、猪瀬直樹都知事は目を潤ませ言っていたけど、そもそも希望って何なんだ？　希望って、誰かが届けてくれたり、誰かが作ってくれたりするものなのか？　景気のいい数字が弾きだされることが、希望、なのだろうか？

……違うと思う。それってただの幻想。たちの悪い楽観主義だ。

【佐藤真海選手が受けた衝撃と決意】

「私にとって大切なのは、私が持っているものであって、私が失ったものではないということを学びました」――。

オリンピック招致の最終プレゼンで、佐藤真海さんはこう話した。

陸上選手で、水泳もし、チアリーダーでもあった佐藤さんは、19歳のときに足首に痛みを感じてからわずか数週間で足を失った。骨肉腫だった。10カ月後退院した彼女は、「このままではダメになってしまう。どうにかしなければ」と危機感を抱くほど、心が弱っていたという。

　そこで彼女は、東京都障害者総合スポーツセンターのプールで再び泳ぎ始めた。その後スポーツ義足の第一人者・臼井二美男さんの勧めで、陸上を始めたそうだ。目標を決め、それを越えることに喜びを感じ、「新しい自信が生まれる」ことを実感した佐藤さんは、国際大会を目指すようになる。ところが、初めての国際大会である２００４年のアテネパラリンピックに出場したときに、大きな衝撃を受ける。

「パラリンピックで世界のトップ選手を間近で見て、その輝いている姿に圧倒されました。『この人たちのように、私も義足のことをちゃんと受け止めて、限界をつくらずに前へ進む人生にしたい』と思ったんです。日本に帰国後、それまでの自分とは気持ちの部分でまったく違っていました」

　当時、佐藤さんは「内心では義足になったことを引きずっていた」。義足の自分と一体化できず、自分の中のセルフイメージは「元気に自分の両足で飛び跳ねている佐藤真海のまま」だった。パラリンピックでキラキラ輝いているトップ選手たちは、「義足の自分」を正面から受け止めていた。その心の強さに圧倒された。

「自分で限界さえつくらなければ、無限大に可能性は広がっていく」——キラキラ輝くトップ選手たちを目の当たりにした彼女は、そう感じたそうだ。

そこで佐藤さんは、「（4年後の）北京オリンピックに向けて頑張ろう！」と決意し、実現に至るにはさまざまな困難や障害があったけれども、周りの力をたくさん借りながら、1つひとつ乗り越えた。その経験が今につながっているという。

「自分で限界さえつくらなければ、無限大に可能性は広がっていく」

何て、いい言葉なんだろう。

自分の限界をつくらずに、前に進む——。これこそが、真の希望をつくるってことなんじゃないだろうか。希望は誰かがつくってくれたり、天から舞い降りてくるものではない。

希望は自分で、手に入れるものだ。

とてつもなく厳しいかもしれないし、想像もしなかった試練に遭遇することもあるかもしれない。それでも踏ん張って前を見る。止まりそうな足をわずか1ミリでもいいから、前に踏み出す勇気を持つ。無限大の可能性の中に、希望は存在するのだ。

ここ数年、私たちはいつもうまくいかないことがあったり、思い通りにならない事態に遭遇すると、周りのせいばかりにしてきた。景気が悪い、時代が悪い、会社が悪い、政治家が悪い、何でもかんでも、周りのせいのオンパレードだ。

ひたすら「希望がない」と天を仰ぎ、「今の社会には希望を持てない」とか、「希望のない時代」などと悲劇のヒロインになった自分に酔いしれ、どこまでも周りのせいにしてきた。あたかも、希望は誰かが与えてくれるものと言わんばかりに。

でも、ホントは目の前に立ちはだかった壁を乗り越える勇気と、歩き続けることをやめただけに過ぎなかったのではないだろうか。

【絶望の淵で生きる力を強める人たち】

不慮の事故や慢性疾患、あるいは不治の病などに侵され、「病とともに生きる」ことを強いられた人々の中には、絶望の淵に落とされながらも、それまでは何でもないと思っていた日常の出来事に意味と価値を見いだすことで、生きる力を強める人たちがいる。

この過程は「ベネフィット・ファインディング（Benefit finding）」と呼ばれ、彼ら・彼女らの人生満足度はとても高い。

ベネフィット・ファインディングでは、自分が遭遇している困難な状況への「理解」と、「ありのままを否定しない」ことが必要となる。佐藤さんの例で言えば、「足を失った自分は、以前とは違う身体である」ことを理解し、「義足の自分」を否定しないことだった。

「否定しないこと」は、「肯定」とは少しばかり異なる。

肯定は心の針がポジティブに振れた状態だが、否定しないとき、心の針は微動だにしない。

プラスにもマイナスにも振れず、ゼロのまま。自分の状況を都合のいいように解釈したり、悲観的にとらえたりするのではなく、「ありのまま」を受け入れる。佐藤さんの言葉を借りれば、「ちゃんと受け止める」ってことだ。

私たちは、ちゃんと現実を受け止めてきただろうか？

自分の足元から目を背け、「どうせ報われないのだからやっても意味がない」「やりたいことなどできるわけない」と、自分で制限を設けていただけじゃないのか。

確かに、右肩上がりの経済ではなくなったし、加速するグローバル化で競争が激化し、私たちを取り巻く環境は厳しくなった。

環境がもたらす可能性は、どんどんと制限されてきたかもしれない。でも、そのことと自ら制限を設けることは、全く別だ。

【ありのままを否定しない勇気】

佐藤真海さんのプレゼンに、多くの人たちが感動したのはなぜか？

それは彼女が足を失い、故郷が津波の被害に遭いながらも、笑顔でいるからではない。どんなに苦しい状況の中でも、足を止めることなく前を向いて歩き続け、足が止まりそうになっても、「ありのまま」を否定しないで、ちゃんと受け止め、再び前を向いて歩き続ける勇気に心を揺さぶられたんじゃないのか。

冒険家でプロスキーヤーの三浦雄一郎さんが、史上最高齢となる80歳で世界最高峰エベレストの登頂に成功し、たくさんの人がその雄姿に感動したのも同じだ。「年だから」とか、「病気をしたから」と制限するのではなく、厳しい状況でも歩き続けた姿に励まされた。バブル崩壊以降、何年にもわたって続いている働く人々の閉塞感、働きづらさ、生きづらさ。それらは社会に向けられたものではなく、ただ単に制限を設けた自分に息苦しさを感じていただけ。佐藤さんがそうだったように、周りの力をたくさん借りれば誰もが、前を向いて歩き続けることができるのではないだろうか。

7年後の「東京オリンピック・パラリンピック」に向けて、東京は動いていくだろう。あちらこちらに新しい建物ができ、あちらこちらでカネがばらまかれ、たくさん稼ぐ人が増え、カネに浮かれる人たちが、夜の街に漂うようになるかもしれない。

その一方で、7年後、私たちの働く環境がホクホクになる確証はどこにもない。世界は今と同じ厳しさで動き続けていることだろう。いや、もっと厳しくなっているに違いない。

その厳しさを、否定しないでちゃんと受け止める勇気を、私たちは持てるだろうか？

「私にとって大切なのは、私が持っているものであって、私が失ったものではないということを学びました」と、佐藤さんは言った。その真意は、希望は決して特別なものではなく、当たり前の日常の中にあるんだよっていう意味なんだと思う。

＊　＊　＊　＊　＊

奇《く》しくも7年前に私が予感した「厳しさ」は、違う形で現れた。そして今、私たちは前に進まざるをえない状況に置かれている。

次章からコロナ禍で表面化した問題のそもそもの原因と、見過ごされた現実の「ありのまま」を綴ってゆく。希望を手に入れるために。

第2章

ここまで深刻化していた「分断の壁」

社会のひずみはこうして広がった

勝ち組・負け組から「自己責任」社会へ

長年、働く人たちをインタビューし、社会問題に関するコラムを書き続けていると「時代の変化」を感じ取ることができる。特に日経ビジネス電子版のコラムのコメント欄の内容は、生々しく時代を映し出す鏡だ。

勝ち組・負け組という言葉が流行語になった２００６年から格差問題への関心は高まり、08年の年末に日比谷公園につくられた「年越し派遣村」で貧困が可視化された。当時、批判の矛先は非正規が増えるきっかけをつくった政権に向けられ、年金問題も加わるなど、09年8月の衆議院選挙では民主党が圧勝。69・28％という高い投票率で、民主党が戦後最多の３０８議席を取り政権交代を実現させた。

結果的に民主党政権はすったもんだ続きだったけど、まだあの頃は社会に、「弱い立場の人を最優先で救済する」という人間倫理の根幹が共有されていたように思う。

流れが変わったのはグローバル化が進み、グローバル人材という言葉が多用されるようになった2010年頃からだ。新しい言葉は常に人間の思考や行動に影響を与えるものだが、リーマンショックの影響も相まり、「グローバル化」というパワーワードは瞬く間に日本の経済界を動かし、それに追従するようにコラムのコメント欄にも「グローバルなんちゃら」を語る人たちが増えた。

楽天の三木谷浩史会長兼社長はいち早く「英語の社内公用語化」を公表し、「英語が話せなきゃ仕事にならない」「ライバルは国内だけでなく、中国、韓国など世界中にいると思え！」「日本でしか通用しないような人は、もう要らない」といったコメントが連日新聞紙面に躍り、グローバル人材というクールな言葉を盾に、「デキる人だけしか生き残れない」と、暗に格差社会を助長する風潮が高まりをみせた。同時並行で「自己責任論」が闊歩するようになる。

グローバル化により所得不平等が拡大し、富裕層だけが豊かになっているとILO（国際労働機関）が警鐘をならし、グローバリゼーション先進国のアメリカでは、上位1％の富裕層が下位99％から富を吸い上げ、2011年には“We are the 99%”をキャッチフレーズに、OWS（ウォール街を占拠せよ）運動が勃発した。

しかしながら、当時の世間の空気に五感を張り巡らせてみると、そんな現実に目をくれることもなく多くの人が「自分は99%にはならない。なるわけがない」と根拠なき楽観に浸っているように感じた。「グローバル競争」というゲームに参加することのリスクを考えないままに、競争、競争とやたらと煽り立てる競争至上主義が社会に蔓延したのだ。

真の改革者か、希代の扇動家か

金髪の弁護士から政治家になった橋下徹氏は、まさに競争至上主義の先導者だった。橋下氏は政策に強い競争原理を導入し、改革という名目で生き残りゲームを仕掛けた。

2012年3月に大阪府議会で成立した職員基本条例により導入された府職員への新たな人事評価では、それまで約2000人に1人程度だった最低評価が20人に1人に増えるほど厳格化され、最低評価が2年続くと分限免職の対象として研修送りになった。教師や学校にも競争原理を持ち込み、全国学力テストを万年最下位から脱出させるために、学力テストの成績が内申点に影響するなどと〝ニンジン〟をぶら下げ子どもたちを走らせ、大躍進を遂げる。

どれもこれも「悔しければ頑張れ、頑張りが足りないからダメなんだ」と責任を自己に押し付けているだけのように私には見えた。しかし、「グレートリセット」を魔法の言葉のごとく操り、現状打破を叫んだ橋下氏は、既存政治に不満がたまっていた大阪府民からの絶大な支持と不動の人気を得る。

そんな橋下氏に大手メディアはこぞって注目する。真の改革者なのか、希代の扇動家なのか、時代のあだ花に終わるのか、首相に上り詰めるのかと騒ぎ立て、日本のドンこと渡邉恒雄氏までもが橋下現象を論考し、ポピュリズムという言葉も頻繁に使われるようになった。

とはいえ、劇薬には副作用が付きまとうものだ。文部科学省が橋下氏のやり方に異を唱え、教育現場に「入試活用（＝ニンジン）」を用いることを禁止。翌年の成績は全国平均を下回り、空白の解答欄も目立つなど、快挙はわずか1年で幕を閉じた。

「9時10分前」を理解できない若者たち

グローバル人材＝英語ができる人という幻想もまた、副作用をもたらした。

英語教育偏重が加速したことで、若者の日本語力が著しく弱体化したという指摘が相次いだ。

大学の英文の講義で「often」の意味を調べた学生が、英和辞典に書かれていた「しばしば」という意味が理解できなかったという珍事件を新聞が取り上げ、大学関係者の間で話題になったことがある。教師が「よく○○する、ってことだ」と説明しても、学生は理解できなかった。学生にとって「よく」は「good」。日本語の語彙力が圧倒的に欠如していたのだ。

私がインタビューした管理職の男性は、20代の部下に「9時10分前には集合するように」と言ったところキョトンとされ、まさかと思いつつ「8時50分に来るように」と念押しすると、「あ、そういう意味ですね!」とやっと理解した、というまるで小噺《こばなし》のような話を教えてくれたが、これも日本語力の低下なのか。あるいは、上司の伝え方の問題なのか。

いずれにせよ、「学校の成績は国語力が9割」といわれるように、日本語の読解・記述力が不十分だと、数学の文章問題は理解できないし、理論構成が支離滅裂な解答しかできない。思考力も想像力も、すべて母語=日本語の運用能力に支えられている。英語によるコミュニケーション能力を高めるには、その基礎となる国語を適切に理解し表現することが必要不可欠。母語である日本語で思考できないことを、英語で話すことはできない。

そもそも言語は、単なるコミュニケーションのツールではない。言語と思考とは互いに結びついていて、母語により私たちは目に見えないものを概念として把握し知覚する。精神的な世界は言葉がないと成立しないし、目の前に見えているものでさえ、それが何かを理解できない。

例えば、日々暮らす場所であるという意味を「家」という語彙で概念化することで、形や色が違っても「家」と知覚できる。言語で表せる範囲がその人の認識世界で、母語の語彙が豊富であればあるほど知識は広がり、感情の機微も、複雑な人間関係も理解でき、創造力も高まっていく。つまるところ、〝英語屋〟を過剰にもてはやし国語教育を軽視することは、「思考する」という、生きる上で根源的な力を鍛える機会の喪失につながるのだ。

大手〝下層〟社員の万能感が生んだ事件

このようにグローバル化というパワーワードは経済の枠組みの問題を超え、日本人の意識、価値観、生活、教育を変えてしまった。それに加え、グローバル化という競争社会で、私たちは、おカネを稼ぐ能力の高い人が「価値ある人間として振る舞える権利」を得られることを経験的に学ぶ。その人がどういう「人」なのか？　ではなく、カネをたくさん稼げる、あるいは稼げそうな「属性」なのか？　で序列が決まるようになってしまったのだ。

その果てに起きたのが、忌々しい大手〝下層〟社員による就活生への暴行事件といっても過言ではない。

2019年2月、大手ゼネコンに勤める27歳の男性社員が、OB訪問に来た女子大学生にわいせつ行為をした疑いで逮捕。同年3月には大手商社の元社員の24歳の男が、同じくOB訪問に来た女子大学生を居酒屋で泥酔させ、わいせつな行為をした疑いで逮捕されるなど、卑劣な犯行が相次いだ。

どちらの事件もOB訪問アプリを巧みに使った愚劣な犯行として、アプリの是非が問われたが、問題はツールの使い方だけにあったわけじゃない。「大企業の会社員」という身分を利用して、〝大手病〟とも呼ばれる学生たちの大企業志向につけこんだのだ。大企業社員の特権階級意識による「何をやっても許される」という〝トンデモ発想〟が生んだ事件と言えるのではないだろうか。

グループ一九八四年の予言

競争至上主義により強者の論理で万事が進められ、カネ・カネ・カネの拝金主義がはびこる社会は、「グループ一九八四年」が1975年2月号の『文藝春秋』に投稿した論文、「日本の自殺」で予期した社会に極めて近い。[1]

論文の冒頭で、筆者たちは日本がかつて栄華を誇った古代ギリシャ、ローマ帝国の衰退と没落と同じ道を歩いていると指摘。日本の間違った繁栄によって、道徳は荒廃し、人心はすさみ切り、日本人は病み呆然と立ち尽くし、自壊に向かっていると警告した。その上で、「没落の真の危機は、日本人がこの危機や試練を正確に認識する能力を失いつつあること」「危機や試練に挑戦しようという創造性と建設的思考を衰弱させつつあること」「部分を見て全体を見ることができなくなり、短期のことしか考えず、長期の未来を見ることができなくなっている」とし、エゴと放縦と全体主義の蔓延のなかに自滅していくと日本の未来を予測

1 本論文は2012年に文春新書から『日本の自殺』として出版されている。

した。[2]

そして、日本の自殺を食い止めるには、欲望肥大のサイクルから抜け出ることが必要で、自己抑制を行い、人の幸福をカネで語るのをやめ、国民が自分のことは自分で解決するという自立の精神と気概を持ち、政治家やエリートは大衆迎合主義をやめ、指導者としての誇りと責任を持ちなすべきこと、主張すべきことをすることだ、と結論付けた。

が、残念なことに四半世紀前の警告は生かされなかった。株価に一喜一憂し、経済成長という言葉ばかりが飛び交い、「人の顔」が見えない社会になった。心の豊かさが語られなくなり、人間関係は希薄になり、地域とのつながりは乏しくなり、社会に居場所を得られず、自分の存在意義を見いだせない人たちが増えた。その一方で、「正義」という名の下で、自分の意見と反するものは徹底的に否定し、「正論」を振りかざし人格否定も厭わない人が目立つようになった。不寛容とか二極化というレベルをはるかに超え、「分断する社会」ができあがってしまったのだ。

競争を好んでいるのに平等を求めるという矛盾

日本社会が競争至上主義に傾いていった状況は、定量的にも捉えられている。

１９８１年から行われている「世界価値観調査」[3]で、「競争は人に働く気を起こさせ、新しいアイデアを生み出すので好ましい」か「競争は人間の悪い面を引き出すので有害である」かを尋ねたところ、95年以前は「競争は好ましい」は66〜68％だった。しかし、２０００年には76・3％と10ポイントも急増し、その後も75〜78％で推移している。もっとも、19年で微減し「有害」が5・3ポイント増えているのは、今後の動向を注目すべき変化

2　『日本の自殺』文春新書Ｐ57

3　「世界価値観調査」は世界のおよそ１００カ国・地域の研究機関が参加する国際プロジェクトで、各国・地域ごとに18歳以上の男女１０００サンプルの回収を基本に、２０１９年までに計7回実施。日本では約90問１９０項目の質問に対する回答を「平等と競争」「生活への意識」など7分野に分類し、時系列比較を行ったレポートが毎回公表されている。

ではあるが（図2－1）。

その一方で、「収入はもっと平等にすべき」か「個々人の努力を刺激するようもっと収入の開きを大きくすべき」かという問いでは、興味深い変化が生まれている。

2005年まで「開きを大きくすべき」と答える割合は上昇し続け、65・9％と7割近い人が「格差」を肯定していた。ところが2010年の調査では一転して下降に転じ38・5％と過去最低を記録。2010年、19年共に「平等にすべき」が半数超を占め、「開きを大きくすべき」を上回った（図2－2）。

「競争は好ましいが、その競争の結果が収入格差に結びつくべきではない」という矛盾する心理が、自己保身のたまものであることは否定しようがない。そして、その心情を具体的に捉えているのが、同調査の「自分の生活程度」を問うた回答の変化だ。

図2-1

競争は好ましい／競争は有害である

（10段階評価）

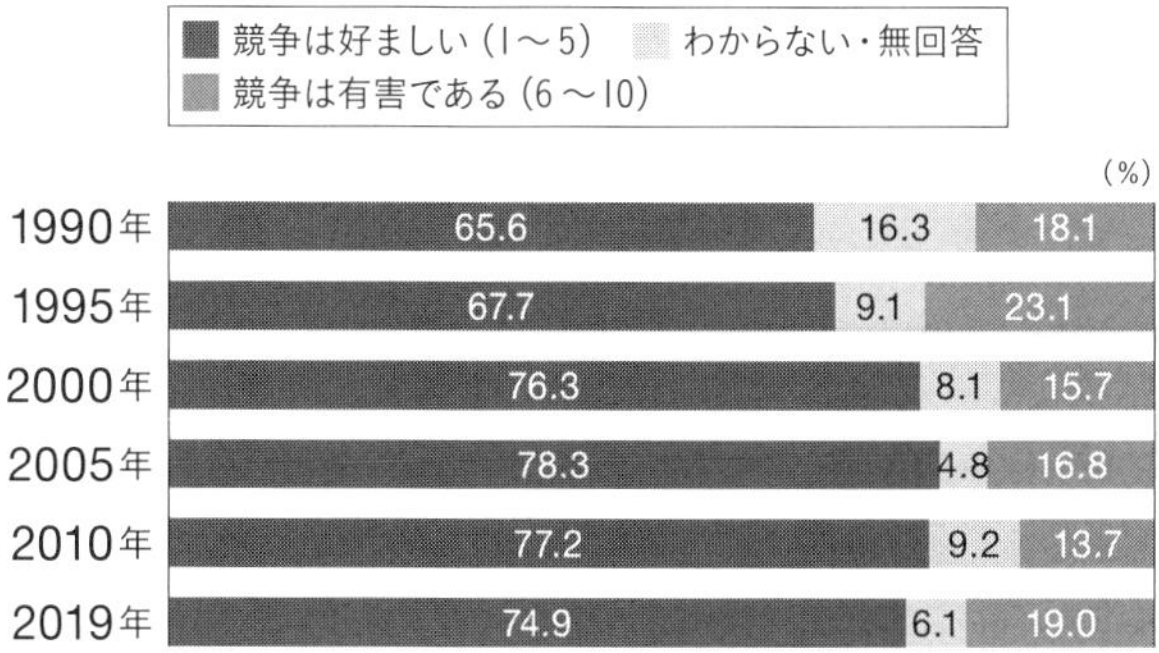

図2-2

収入は平等に／開きを大きく

（10段階評価）

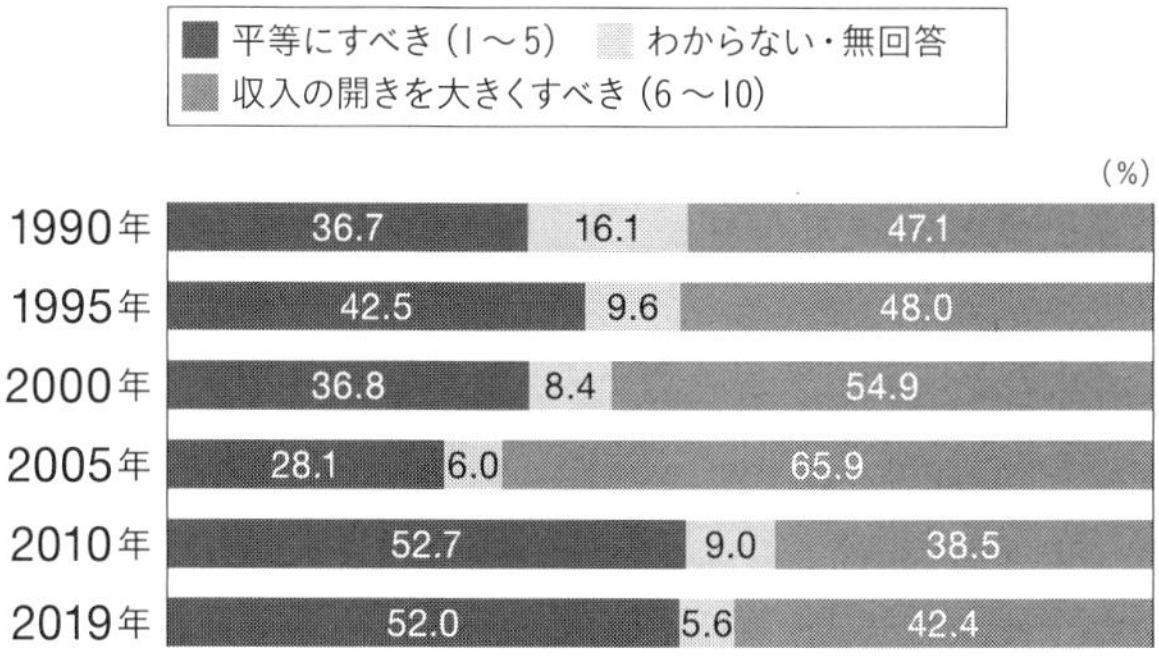

出所：電通総研・同志社大学「世界価値観調査 2019」

「勝ち組の下っ端でもいい」から しがみついていたい

図2－3を見ればわかるとおり、1990年の調査では約6割が「中の中」と答えていたのが、バブル崩壊で急激に減少し、2010年以降は4割程度で推移。一方、「中の下」と回答する人は概ね増加し、さらに「下」とする人の割合は、90年の5・1％からほぼ倍の9・6％に増加している。「下流」を意識する人が増えているのだ。

これをどう解釈するか。意見が分かれると思うが、個人的には正当に評価されない不満の現れだと理解している。「こんなに俺は頑張ってるのに、なんで評価されないんだ！」と。「高度経済成長期のいざなぎ景気を超えた」だの、「名目GDPは過去最高」だの景気のいい話が飛び交うのに財布の中身は一向に増えない。ちっとも豊かさを実感できない。

そういった不満が「自己責任論」を蔓延させ、生活保護受給者などへの「弱者叩き」や「自分よりうまくやっている人」の足を引っぱるという、極めて利己的な方向に社会を向か

図2-3
自分の生活の程度

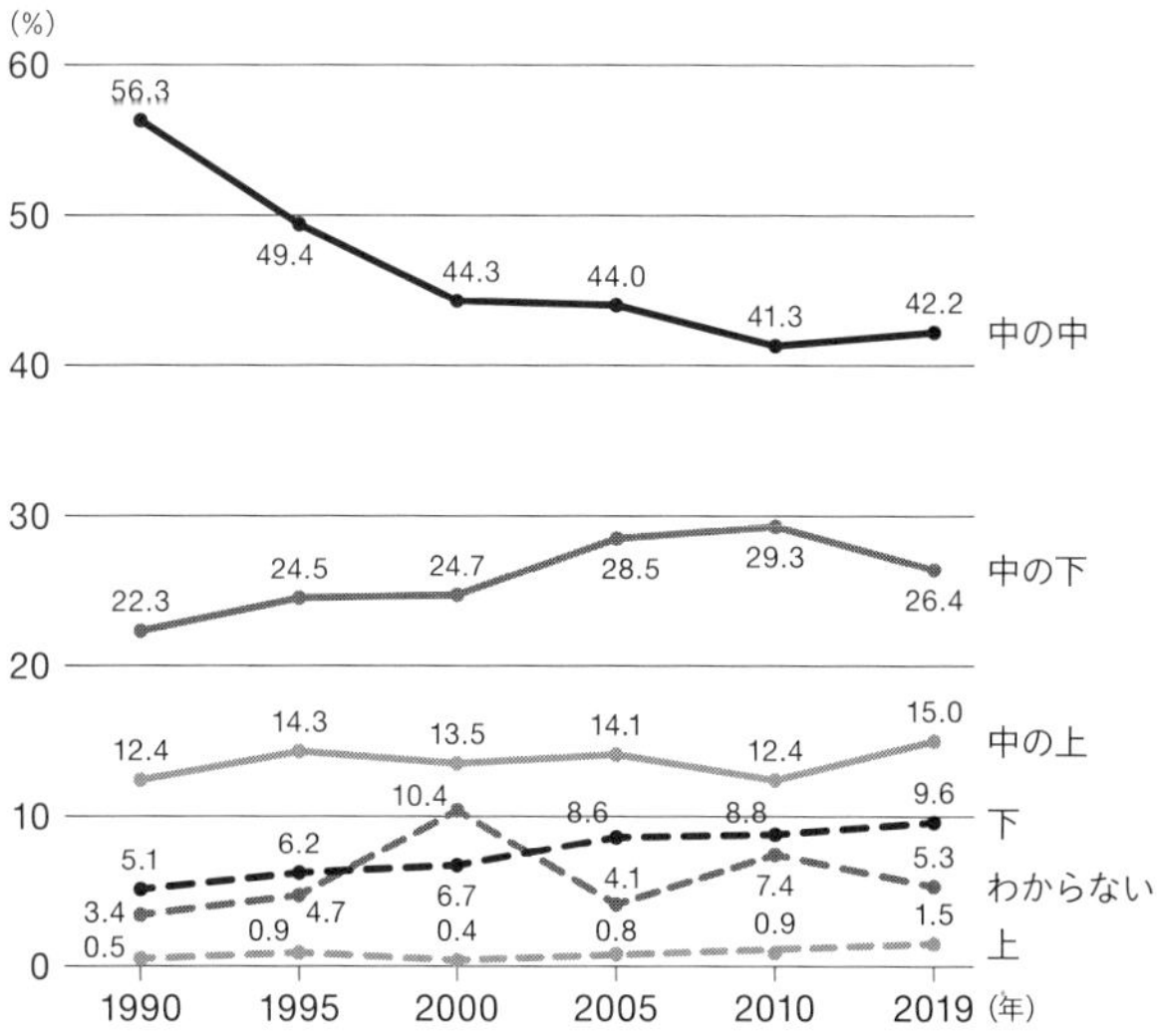

出所：電通総研・同志社大学「世界価値観調査 2019」

わせた。強者と目線を合わせ、強者の側にいると思い込むことで不安を消す人も増えたように思う。

自己の利益を最大限守りたいという欲求が基本構造として組み込まれている人間は、悲しいかな「今あるものを失うかもしれない」という恐怖を感じたとき、人を蹴落とすこともいとわない。それは自分が生き残るための無意識の愚かさでもある。

つまるところ、「競争は好ましいが、その競争の結果が収入格差に結びつくべきではない」という矛盾が、悲しくも利己的な社会と分断を生んでしまったのだ。

老いる社会の闇

分断する社会では、高齢者も暗黙裏に切り捨てられた。そこには、グループ一九八四年が警告した「危機や試練を正確に認識する能力を失った日本人」の姿があった。

「今回の新型コロナ騒動で介護業界は完全に崩壊するんじゃないかって、心配しています。介護士にも感染が見つかっていますが、そうなることはもっと前からわかっていた。介護の仕事ってすべてが濃厚接触ですからね。なぜ、もっと早く手を打てなかったのか。悔しくて。ホント、悔しいです。

特に訪問介護の現場は慢性的なヘルパー不足で、倒産と背中合わせです。急場をしのげる余力は１ミリもありません。自治体は『知恵を出してどうにか乗り切ってほしい』って言うけど、人もカネもない現場に、どうしろというのか？　介護は……命の現場なんです。悲しいけれど、どうなってもいいって言われているようで。なんとかするしかないという気持ちと、どうにもならないというあきらめの中で、運営している施設は多いと思います」

こう話してくれたのは、30年近く介護現場で働く知人だ。

コロナ感染が広がった当初から、高齢者は重症や死亡のリスクが高く、80歳を超えた感染者の致死率は21・９％と５人に１人に上ると報告されていたのに、高齢者施設の支援は後手だった。[4]

4　ＷＨＯが派遣した各国の専門家や中国の保健当局の専門家らによるチームが、中国で感染が確認された５万５９２４人のデータについて分析した結果。

5月中旬になっても、マスク（質の確保を含む）、手袋、防護服等の衛生用品等の安定的供給体制は整っておらず、全国老人福祉施設協議会が、厚生労働省老健局長に対して新型コロナウイルス感染症に対する現場の実情を伝え、早期な対応を要請したほどだった。

分断の壁。そう。高齢者の介護の現場は、分断された社会の象徴のひとつだ。日本ではグローバリゼーションと同時並行で、急速な高齢化が進行した。しかしながら、超高齢社会への対応は遅れ、介護現場の慢性的な人手不足を招いてしまったのだ。

とりわけ、訪問介護職（ホームヘルパー）の有効求人倍率（19年度）は14・75倍と圧倒的に高い。訪問介護職員の総数は約43万3000人で7割近くが非常勤で、約4割が60歳以上。65歳以上は約2割だ。[5]

肉体的にも精神的にもハードな仕事なので、年齢を理由に退職する人も多い。また、4割を占める60歳以上のヘルパーは、今後10年のうちにほとんどが引退する可能性が高いため、人手不足が解消する見込みはほぼない。真っ暗闇の回廊を歩かされているようで、そこには一筋の光もない。

おそらくこういった事情も関係しているのだろう。2019年（1－12月）の「老人福祉・介護事業」の倒産件数は、集計開始以来、最多だった2017年の111件に並んだ。業種別では「訪問介護事業」がもっとも多く58件。前年の45件から急増していた。

分刻みで働くのに日給7000円台の訪問介護の現場

2019年11月1日、現役の介護ヘルパーが国を相手どり訴えを起こすという前代未聞の出来事があった。原告の訪問介護ヘルパー3人は、労働基準法違反の状態＝「ゼロ時間契約」で働かされ続け、正当な賃金が支払われていないのに、国が規制権限を行使しないのは違法として東京地裁に国家賠償訴訟を起こした。

「ゼロ時間契約」とは、就労時間の保証がなく、したがって賃金保障もないまま、その時々

5　厚生労働省「介護サービス施設・事業所調査」2017年

に求められた時間だけ働く雇用形態のこと。訪問介護ヘルパーの場合（正規以外）、待機時間に対する賃金は基本的に支払われない。訪問先間の移動費や、事業所に連絡する電話代もすべて自分持ちだ。

大手新聞に掲載された原告の典型的な1日のスケジュールによると、朝8時30分に事務所に出勤し、訪問スケジュールや申し送りを確認することからスタートする。5人の利用者の家を訪問し、18時40分頃に事務所に戻り翌日のスケジュールを確認し、帰宅は19時過ぎ。1日の給与は7075円だった。

内訳は、「70代要介護2の独居女性を身体介護＝800円」「難病・認知症で80代要介護3の独居男性を身体介護・生活援助＝2250円」「90代夫婦（要介護1）の家で生活援助＝975円」「80代要介護1の独居女性を入浴介助＝1600円」「90代要介護1の男性宅で入浴介助と生活援助＝1450円」と、利用者のほとんどは一人暮らしか老老介護だ。

身体介護では、蒸しタオルで洗顔し、着替えを手伝い、失禁のため体を拭き、下着を取り換え、シーツなどを洗濯する。生活援助では、食事の準備、掃除、洗濯、ゴミ捨てをする。入浴介助では、血圧や体温をチェックし、洗髪と洗身をし、合間に食器洗い、夕食の準備、洗濯物の取り込みをする。

どれもこれも覚悟と利用者との信頼関係がなくては、できない仕事ばかりだ。昼食は、自転車で移動中の15分に肉まんをほおばり、残りのおにぎりを15時頃に公園で食べる。休憩時間はなし。移動、介護、移動、介護、移動、介護の繰り返しだ。

以前、訪問介護をしている方にインタビューしたとき、「利用者は私たちとしか社会との接点のない人が多い。私たちがいないと生活はできないし、会話もないんです。本当はもっと話を聞いてあげたいけど、利用時間が決まってるし、次が入ってるから、満足に向き合うこともできない。孤独死するんじゃないかって、心配になることもあります」と話してくれたことがある。

「介護保険のホームヘルパーは、もはや絶滅危惧種」とうたうメディアもあるが、それにより切り捨てられるのは高齢者だ。

「40年前の家族スタイル」を前提にしたシステム

混迷を極める介護問題の根っこには、高度成長期の「家族のカタチ」がある。40年前の

1979年に発表された自民党の政策研修叢書『日本型福祉社会』を変えることなく、踏襲し続けたことが介護現場で働く人たちとその利用者＝高齢者を断崖に追いつめている。日本型福祉社会の社会福祉の担い手は、企業と家族だ。北欧に代表される「政府型」や、米国に代表される「民間（市場）型」じゃない、「とにもかくにも、〝家族〟でよろしく！」という独自路線の福祉政策が日本型福祉社会である。

1986年に『厚生白書　昭和61年版』として発表された、社会保障制度の基本原則では、上記の「日本型福祉社会」の視点をさらに明確化し、「『健全な社会』とは、個人の自立・自助が基本で、それを家庭、地域社会が支え、さらに公的部門が支援する『三重構造』の社会である」と明記。2006年に政府がまとめた「今後の社会保障の在り方について」でも、40年前と全く同じことが書かれている。

家族の稼ぎ手も、家族のカタチも変わったのに40年前と同じ理念を掲げ続けている。そのひずみを、「命の現場」＝介護の現場で働く人たちが埋めてくれているのだ。

介護の最大の問題は、「実際に雨に濡れた人にしか、雨の冷たさがわからない」こと。介護施設での高齢者虐待や介護を苦にした殺人事件が起きるたびに、誰もが「他人事ではない」と憂い、低賃金で過酷な介護現場の改善を訴えるのに、実際に介護する立場にならないとわからないことが山ほどある。しかも、雨の降り方は親の財力によっても、子の雇用形態によっても大きく変わる。持てる者と持たざる者の間に目に見えない「壁」が立ちはだかる。

失業者ともカウントされないミッシングワーカー

正社員であれば介護休暇や時短勤務を利用して親の介護をすることができるが、非正規でそれは極めて難しい。家族が多ければ分担することも可能だが、独り身だと「自分の生活」も脅かされる。

私がインタビューした人の中に、「介護離職は終わりの始まりだった」と、親のために仕事を辞めたことを悔いていた男性がいた。彼は母親の介護が必要になり郷里に戻った。ところが、地元で職を探しても50代の独身男性を雇ってくれる会社はなかった。3年後に母親が他界し、東京に戻り仕事を探したが、今度は3年間社会から遠ざかっていた50代を雇おうとする会社がなく、非正規雇用を転々とするしかなかった。

「どうにかしなきゃとは思っているのですが、将来への不安と周りへの不信ばかりが募ってしまって。ホント、どうにかしなきゃですよね」――。男性は力無い笑顔でこう繰り返した。

親の介護などを理由に離職し、その後も仕事をすることを諦めてしまう「ミッシングワーカー」と呼ばれる人たちがいる。ミッシングワーカーは103万人と推定され、失業者72万人より多い。[6] そのほとんどが40代、50代の「親の介護のために離職した人々」で、親の年金で暮らす人たちも少なくない。

親の年金が少ないため施設に入れることもできず、介護生活に閉じ込められ、親を介護することだけが「自分の存在の証し」になる。やがて介護していた親が他界し、「働かなきゃ」と思うが気力がわいてこない。孤独という病に心身を蝕まれ、考える力も失せてしまうのだ。

2018年にNHKがミッシングワーカー問題を取り上げた番組では、親の介護でミッシングワーカーになった人をサポートする自治体の取り組みが紹介されていた。

男性は周りが関わることで働く意欲を取り戻し、介護士の資格を取り、「何十年ぶりのスーツだろう」とはにかんだ顔で介護施設に出社した。ところが、男性を数週間後に待ち受けていたのは、人生の不条理だった。

仕事中に息苦しくなり緊急搬送。なんと心筋梗塞を発症してしまったのだ。

幸い男性は元気になり職場に復帰。そして、こう訴えた。「とにかく国は……、超高齢化社会だってことわかっているのか？」と。

日本は１９７０年にすでに高齢化社会に突入し、95年には高齢社会になった。[7] 家族に介護を押しつけるしくみそのものに無理があることは明白なのに、少子高齢社会に向き合わず、問題を解決しようとする活発な議論すらやってこなかった。それが状況を複雑にし、介護離職、８０５０問題、老老介護、逆老老介護など、新たな問題を次々に生じさせているのだ。

6　NHKと専門家による推計。失業者は40～50代のみカウント。

7　人口に占める65歳の人の割合が７％を超えている状態は「高齢化社会」、14％を超えると「高齢社会」と定義されている。

日本の介護保険制度とドイツとの違い

日本の介護保険制度が、日本同様高齢化先進国のドイツをモデルにしていることは知られているが、その中身には大きな違いがある。

どちらも「家族が介護する＝在宅サービス」を前提にしているのだが、ドイツでは介護サービス事業者だけでなく、家族介護者も介護サービスの提供者と位置付けている。つまり、日本のように「家族でひとつよろしく！」と丸投げするのではなく、介護をする家族にも介護保険から介護手当が支払われるしくみが存在する。

その背景にあるのが、「介護する家族をどう評価するか」という、日本にもっとも欠けている視点だ。

在宅で介護する場合、介護を受ける人は在宅現物給付と現金給付（介護手当）のどちらかを選ぶことができる（併用も可）。現金の使い方は要介護者に任されていて、介護者の報酬にあてるもよし、デイサービスなどに使ってもいい。介護者には同居する家族だけではなく、別居している子や親族、友人などを選ぶことも可能だ。

一方、介護をする家族も「社会的な労働者」と位置付けられ、要介護度と介護時間別に一般労働者の労働価値に相当する賃金が支払われる。介護離職を防ぐ策も講じられていて、家族を介護する人は最大で2年間、労働時間を半分に短縮することができ、その間従来の所得の75％を受け取ることができる。

受け取った所得は企業から前借りをしたことになるため、介護期間終了後にフルタイムに復帰しても75％のまま据え置かれるが（最大2年）、介護する人を守るよく考えられた制度であることは間違いない。しかも、企業負担になる分は金融公庫が無利子で融資するなど、社会全体で支えるしくみになっているのだ。

もっとすごいのは、介護者に「自分を取り戻すための休暇」が認められていることだ。休暇中はショートステイなどを利用することができるので、安心してリフレッシュできる。[8]

8　宮本恭子「ドイツにおける家族介護の社会的評価」『経済科学論集』第42号

人は誰もが老いる、老いれば他者の手助け＝ケアが必要になる。介護などのケア労働は無償の労働だが、社会的意義は大きい。ドイツは家族で介護することを前提としながらも、一貫して「私たちの問題」と考えた。

その財源をどうすれば捻出できるか？　高齢者の人権を守り、選択の自由をどうすれば担保できるか？　介護労働を社会的に評価するにはどうしたらいいか？　介護する人が健康でいられるにはどうしたらいいのか？　まるでパズルのような問題に知恵を絞って行き着いたのが、ドイツの介護保険制度だ。

かたや日本はそこまで思考を巡らしただろうか。介護という仕事を、「誰にでもできる」と見下してはいないか。カネ・カネ・カネと思想なき経済至上主義に走り、介護サービスですらビジネスの道具とし、「命」がおろそかにされてしまったのだ。

第3章

若者も中高年も女性も働きづらい理由

日本の会社のしくみは既に無理がきていた？

日本型雇用は10年前に終わっている？

２０１９年の師走、経団連の中西宏明会長は定例の記者会見で、新卒一括採用、終身雇用、年功序列型賃金が特徴の日本型雇用の見直しを求めた。この発言は年明けに公表された「２０２０年版経営労働政策特別委員会報告」で、「日本型の雇用システムは転換期を迎えている。経済のグローバル化やデジタル化に対応できる新しい人事・賃金制度への転換が必要」という文言で公式にまとめられた。

終身雇用をめぐっては、中西会長以外にもトヨタ自動車の豊田章男社長、経済同友会の櫻田謙悟代表幹事など経済界の重鎮たちから「制度疲労」「企業へのインセンティブがない」と、一方的に従業員との心理的契約を否定する意見が相次いでいたが、年功賃金にまで言及したのはこのときが初めてだった。

しかしながら、これらの発言は実に奇妙だった。２００８年の年末の「年越し派遣村」こそが、経営の三種の神器として日本企業を支えてきた「終身雇用、年功制、社内組合」の崩壊の象徴だった。全労働者の４割を占めるまで非正規雇用を拡大させた経済界が、そのこと

図3-1
「65歳以上」と「女性」は正規雇用が少ない
年齢階級別非正規雇用労働者の割合の推移

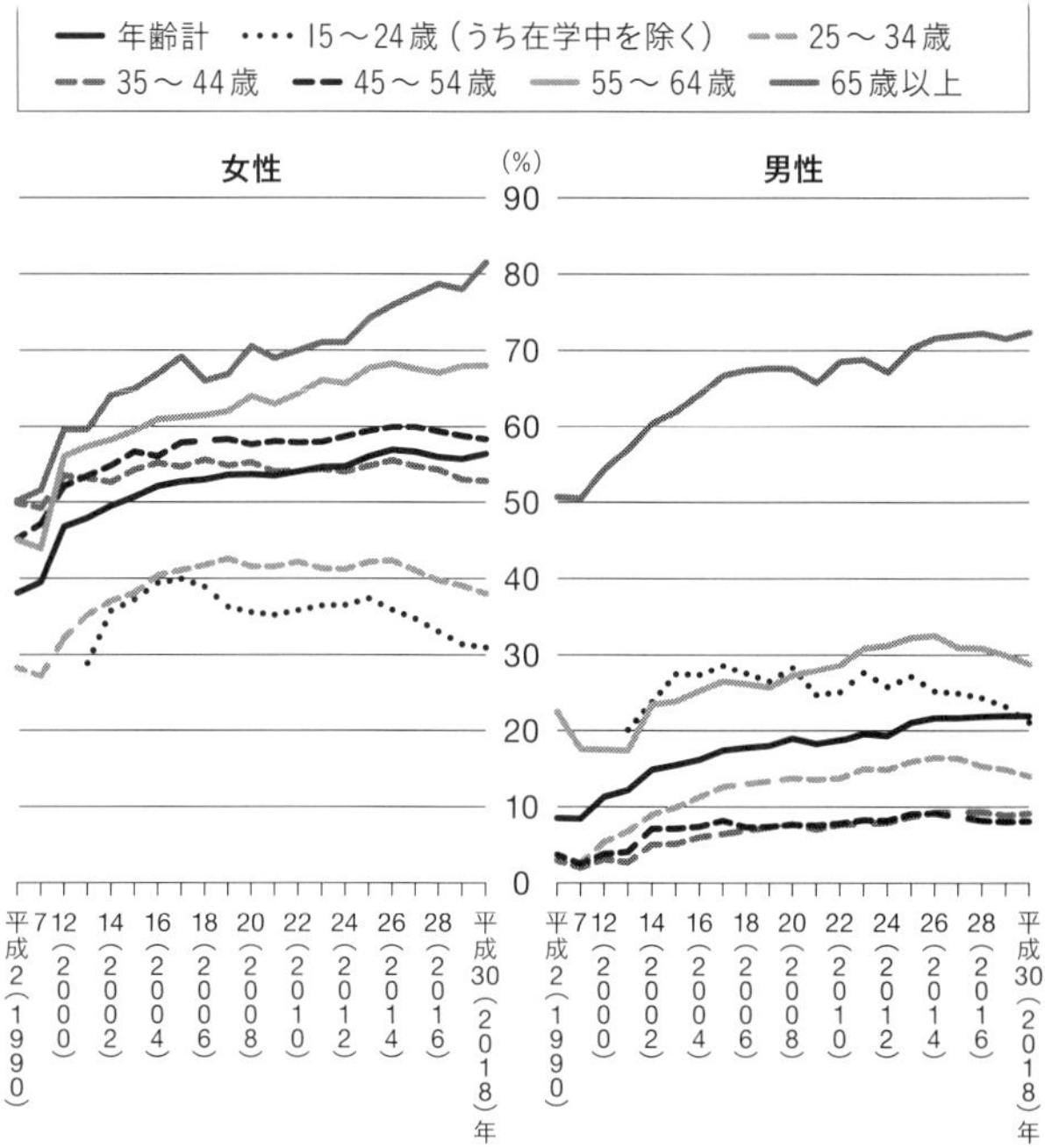

備考
1. 昭和60年から平成13年までは総務庁「労働力調査特別調査」（各年2月時点）より、
平成14年以降は総務省「労働力調査（詳細集計）」（年平均）より作成。
「労働力調査特別調査」と「労働力調査（詳細集計）」とでは、
調査方法、調査月などが相違することから、時系列には注意を要する。
2. 「非正規の職員・従業員」は、平成20年までは「パート・アルバイト」。
「労働者派遣事業所の派遣社員」「契約社員・嘱託」及び「その他」の合計、
平成21年以降は、新たにこの項目を設けて集計した値。
3. 非正規雇用労働者の割合は、
「非正規の職員・従業員」／（「正規の職員・従業員」＋「非正規の職員・従業員」）× 100
4. 平成23年値は、岩手県、宮城県及び福島県について総務省が補完的に推計した値。
出所：内閣府男女共同参画局『男女共同参画白書 令和元年版』

に気がつかないわけがない。

つまり、経団連は「日本型雇用システムの転換期」というもっともらしい言葉に乗じて、非正規にしたくてもできない正社員のコスト削減をあからさまに訴えたと解釈できる。

年齢階級別非正規雇用労働者の割合の推移[1]（図3－1）を見ればわかるとおり、労働市場に新規参入した属性＝60代以上の人と女性たちは、日本型雇用システムでは雇用されていない。女性は34歳以下を除くすべての年代で半数以上が非正規、男性では65歳以上の7割以上、55～64歳の約3割が非正規だ。一方、35～54歳は小泉政権のときに一旦増えたが、その後はほぼ横ばいが続いている。この世代こそが経団連が言うところの、日本型雇用システムの恩恵を受けている世代に相当する。

「働かないおじさん」問題と労働組合

世間が「働かないおじさん」と揶揄する層をコストカットのターゲットにした経団連の策

略は、狡猾としか言いようがない。なんせ2020年の春闘では組合側が、「人事評価に応じて差をつける新たな方法」（byトヨタ自動車の労働組合）、「新たな仕事に挑戦した社員に賃金を上乗せする制度の拡充」（byホンダの労働組合）など、続々と日本型雇用システム脱却を要求したのだ。

30代中心で構成される労働組合のメンバーにとって「働かないおじさん社員」はかねて頭痛の種だった。そこに「日本型雇用システムの転換期」という言葉がうまくはまったのだろう。

もっとも、「社内組合は労働者の代表ではない」と指摘されるように、労働組合の組織率（雇用者数に占める労働組合員数の割合）は年々減少し、最新のデータではたったの17%だ（2018年）。それでもやはり「本雇いの従業員という身分資格を持つ労働者（職員を含めて）のみを組合員として成立する」という「本工組合」としての性格をかたくなに守り続けた労組が、方向転換に応じた意義は大きい。

1　男女共同参画局『男女共同参画白書　令和元年版』

おそらくこの事実により、経団連のもう一つの主張である「業界横並びの集団的な賃金交渉は、実態に合わなくなっている」とした春闘不要論は加速するに違いない。

グローバルな視点にたてば、春闘は社会対話（social dialogue）であり、それはＩＬＯ（国際労働機関）の現在の活動目標「ディーセント・ワーク」[2]の実現で、カギとなる役割を果たしている。社会対話は「政府、使用者、労働者の代表が、経済・社会政策に関わる共通の関心事項に関して行うあらゆる種類の交渉、協議、あるいは単なる情報交換」と定義され、その社会対話の形態のひとつが、春闘のような労使の二者構成だ。

その社会対話を経営の司令塔である経団連が「いらない」とするならば、「労働者の人権を否定したことに等しい。グローバル化を重視しながら世界の当たり前を軽視するという、まったくもって理解できない方向に日本企業は進んでいるのだ。

「経団連、この恐るべき同質集団」

2018年、日本経済新聞の異例の記事が話題になった。

「経団連、この恐るべき同質集団」と大きな見出しがついた記事には、

●19人の正副会長全員のだれ一人として転職経験がない
●全員サラリーマン経営者
●全員男性
●全員日本人
●一番若くて62歳
●中西会長以下12人が東大卒、次いで一橋大3人、京大、横浜国大、慶応大、早稲田大が各1人で、首都圏以外の大学を出たのは山西健一郎・三菱電機取締役相談役ただ1人（京大工卒）

と、異様なまでの同質性が指摘された。

2 ディーセント・ワークは「権利が保障され、十分な収入を生み出し、適切な社会的保護が与えられる生産的な仕事」を意味し、その仕事とは、「労働基準及び働く上での権利」「雇用」「社会的保護」「社会対話」の4つの柱で成立する。

「組織を変えたきゃ若者、よそ者、ばか者の視点を生かせ！」とはよく言われることだが、この集団には女性も外国人もいない。今の経団連こそが、昭和モデルの〝エリート〟中のエリートで構成された、多様性とはほど遠い集団であり、日本型雇用システムの恩恵を受けまくった人たちによって、働く人たちのコストカットが行われているのだ。

終身雇用は「悪の根源」なのか？

失礼ついでに言わせていただけば、経済界のトップの方たちは、長期雇用（終身雇用）を制度と考えている節も感じたが、長期雇用は雇用制度ではなく「経営哲学」である。

働く人たちが安全に暮らすことを企業の最大の目的と考えた経営者が、「人」の可能性を信じた。それは社員と家族が路頭に迷わないようにすることであり、その経営者の思いが従業員の「この会社で頑張って働こう。この会社の戦力になりたい！」という前向きな力を引き出し、企業としての存続を可能にした。

かつてトヨタの会長だった奥田碩氏が、機会あるたびに「解雇は企業家にとって最悪の選択。株価のために雇用を犠牲にしてはならない」と語り、「人間の顔をした市場経済」という言葉を掲げたのも、「人」の可能性を信じたからではないのか。

長期雇用は健康社会学的には「職務保証（=job security）」と呼ばれ、経営者が働く人を尊重することで機能する心理的契約である。仕事へのモチベーションやパフォーマンスは法的な契約よりも、むしろ心理的契約の度合いによって左右される。「心理的」としているとおり、あくまでも個人の認知に基づいたもので、「組織によって具体化される、個人と組織の間の交換条件に関連した個人の信念」と定義される。

経営者が働く人を信じる気持ちは、働く人たちに「会社が求める責任を果たせば、解雇されないという落ち着いた確信」と、「その働く人の職種や事業部門が、対案の予知も計画もないままに消滅することはないという確信」をもたらした。人はその確信があるからこそ、技術力を高め、キャリア磨きに精を出す。いいサービス、いい商品は、会社にいる一人ひとりが、集団の一員として、誇りをもって初めて可能になる。内部が一丸となるからこそ、競合する企業や製品との違いをブランド化できる。このようにして企業存続のための揺るぎない土台がつくられていく。

確固たる経営哲学もないままに、「グローバルスタンダード」だの「日本型雇用システム脱却」だの経営者が騒ぎ立てているとしたらそれは、〝目に見えない力〟を育む土壌を自らの手で壊しているに等しい。「企業の自殺」と言い換えてもいい。

信頼の上に信頼は生まれるのであって、不信が信頼を生み出すことはない。ましてやいったん構築された心理的契約を経営者が一方的に破れば、従業員の信頼を取り戻せる見込みはほぼない。

海外企業を知る人たちの日本企業への違和感

つまるところ、問題は「長期雇用」にあるのではない。長期雇用の利点を引き出す経営をしてこなかったことにある。

「現地で検討されていることより本社の役員会議のタイミングが優先され、検討は後回しになる。だんだんとこちらもやる気をなくし、盛り上がっていた現場が沈滞する」

「裁量権を与えられてないマネジャーの存在意義がわからない。もっとリーダーとしての権限を与えないと日本企業は生き残れない」

「日本企業はラインの決定事項ばかりが優先され、現場のプロフェッショナルの意見に耳を傾けない。専門スタッフと経営スタッフはパートナーなのに日本企業では上下関係。日本にはプロという概念がない」

こういった話を、海外に赴任している人や海外の日本法人に勤める人たちから、何度も聞かされてきた。

「外資系は業績が悪化するとメール一本で『下位○%をリストラせよ』という指示が出されるけど、『やりたい』と手を挙げれば徹底的にフォローし教育に投資するという、日本にはない制度もある」

「マネジメントか専門職に進むかの選択も早い時期に行われ、それぞれに教育を行い、評価し、その成果を発揮する機会もある」

「人事制度は日本の企業よりはるかに柔軟で、周りとの人間関係や信頼関係なども評価対象にする」

外資系に勤める人たちからは、何度もこんな話を聞いた。

「本来、マネジャーの仕事はチームメンバーのやる気を上げることなのに、実際にやっているのは周りのやる気が失せることばかり。これは米系企業のマネジャーではありえない。たとえ数値目標を達成できなくても、定性と定量による分析を使い分けて、メンバーがどこまで自己肯定できるかをマネジメントするのがマネジャーの仕事なのに、それをしないで偉そうなことばっか言うんだよね。

そもそも人事権や報酬に関わる評価権のない管理職はマネジャーと呼べるのか？

そんなだから、みんなモチベーションが下がりまくってる。最初はガンガンやってたのに、いつの間にか『定年までタラタラいてやるか』って感じになってきてるし。日本の会社はダメだね。これじゃ、長くは持たないだろうね」――

大学卒業後米国に移住し、2018年から米国日本法人の企業に転職した知人がこう嘆いていたことがある。

ここでの定量とは「数値目標」、定性とは目に見えない、あるいは数値化できない業務上の貢献であり、協調性や積極性などがその代表例だ。

米系企業ではマネジャーになるためのトレーニングをかなり早い段階から受けさせ、プロマネジャーとなるべく企業が人に投資する。一方、多くの日本企業のマネジャーは、マネジャーとしての教育も受けていなければ、裁量権もない。

人は自分のありたい姿に近づきたかったり、成長したかったり、たくさん稼ぎたかったりするから働くのに、そのプロセスを評価できないマネジャーが評価するというあべこべが生じているのだ。

産業構造が変化し、競争相手も増え、経営能力が試される時代で、「人」の可能性を引き出す経営より「カネ」の絶対的価値を信じた経営を優先したことが、日本企業の最大の問題といえよう。

会社は「コミュニティ」から「プロジェクトの塊」へ？

今の「雇用のカタチ」は、日経連（現・経団連）が1995年に打ち出した「新時代の

『日本的経営』」の3分類に沿って変わって、いや、都合よく変えられてきた。

「日本的経営の基本理念である『人間中心（尊重）の経営』『長期的視野に立った経営』は普遍的性格を持つものであり、今後ともその変化を図りつつ堅持していく必要がある。[2]」

こう始まる日経連の報告書には「人間尊重」「長期視点」という言葉が繰り返され、「減点主義ではなく、敗者復活が可能なチャレンジ型、加点型の人事制度」「管理職・専門職の処遇基準の明確化」「評価者訓練の徹底化」など、従業員の能力が最大限に発揮できる方針を明確に打ち出している。それは「雇用主としての義務を決して放棄してはならない」というメッセージでもある。

ところが「働き方改革」という名の下、政府が進めたのは「雇用主の義務を放棄できる」政策のオンパレードだった。いや、経団連の要求を政府が汲み取った、そう考えることもで

---

2 『日経連タイムス』第2302号

図3-2
「新時代の『日本的経営』」の3分類

	長期蓄積能力活用型グループ	高度専門能力活用型グループ	雇用柔軟型グループ
雇用形態	期間の定めのない雇用契約	有期雇用契約	有期雇用契約
対象	管理職・総合職・技能部門の基幹職	専門部門（企画、営業、研究開発等）	一般職 技能部門 販売部門
賃金	月給制か年俸制 職能給 昇給制度	年俸制 業績給 昇給なし	時間給制 職務給 昇給無し
賞与	定率＋業績スライド	成果配分	定率
退職金年金	ポイント制	なし	なし
昇進昇格	役職昇進 職能資格昇進	業績評価	上位職務への転換
福祉施策	生涯総合施策	生活援護施策	生活援護施策

出所：日経連「新時代の『日本的経営』」1995年

きる。

２０１６年8月3日。第3次安倍第2次改造内閣が発足し、働き方改革担当相が誕生した前日、厚生労働省のＨＰに私たちの「未来予想図」となる政策提言書が掲載された。

フューチャー代表取締役会長兼社長グループＣＥＯの金丸恭文氏（当時）を座長に厚労省が設置した「働き方の未来 ２０３５懇談会」によるもので、『働き方の未来２０３５――一人ひとりが輝くために』と題された内容は一言で言えば、「会社員消滅宣言」だった。

「会社はコミュニティのような存在から、プロジェクトの塊となり、プロジェクト期間が終了すれば別の企業に移動する形になる。個人が企業や経営者との対等な契約で、自律的に活動できる社会に変わり、企業の内と外との境界線が低くなり独立して活動する個人も増える。（抜粋して要約）」

要するに「法人の頭」は残すが、「身体のパーツ」はその時々でとっかえひっかえするぞ！　と宣言したのだ。会社＝ＣＯＭＰＡＮＹ（カンパニー）とは「ともに（ＣＯＭ）パン

(Pains）を食べる仲間（Y）」なのに、件の報告書にはその役割の欠片《かけら》も描かれてなかった。

「自由」「自立」「契約」という言葉をたくみに使うことで、「全体は部分の総和に勝る」としたアリストテレスの名言を背にした方向に〝日本株式会社〟は舵《かじ》をきったのである。

「フリーランス礼賛社会」の闇

政府が副業を容認し、「自由な働き方」「自立した個人」を印象付ける便利なワードとして「フリーランス」という言葉を乱用していることからも、「会社員消滅社会」が近づいていることがわかる。

フリーランスは『働き方の未来２０３５』が想定する、経営者と対等な契約ができる働き方にかなり近いが、経営者と対等な契約をするには、専門のスキルと完全な成果主義に耐えられる胆力と、何があっても絶対に生き残ってやるという野心が求められる。それは「いいときは人より稼げるかもしれないけど、悪いときは最低の生活をする」というフリーランスのリスクを覚悟した上での働き方だ。

ところが、そのリスクが語られることなくフリーランスが「自由な働き方」「自立した個人」と礼賛されたことでフリーランスは急増した。現状のフリーランスは日経連の3分類の「雇用柔軟型グループ」に属し、パートやアルバイト同様、企業に都合よく低賃金で使われている労働者にすぎない。

しかも、政府は「70歳雇用」の選択肢として現行の定年延長、定年廃止、契約社員などでの再雇用の3パターンに加え、「他企業への就職支援」「フリーランスとして働く人への業務委託による支援」「起業支援」「社会貢献活動などへの支援」の選択肢を提示するなど、企業が雇用する義務を放棄できる施策をどんどん進めている。

コロナ禍で加速したテレワーク導入により、「会社に来る」ことで評価されていた時代は確実に終わるだろう。フェイスtoフェイスで物を売るスタイルは過去の遺物となり、人の機微をつかむコミュニケーションよりSNSを使った無駄のない発信のうまさが求められるようになる。完全な成果主義に移行し、オフィスは縮少され、上司と部下の関係も大きく変わる。奇しくもコロナ禍が、「会社員消滅」を後押しすることになってしまうのだ。

だが、同時にコロナ禍で予測不可能な厳しい市場になり、経営者が今こそどんな経営をするか、彼らの経営哲学が問われている。

「財産をなげうってでも雇用は守る」

「50年、自分の手法がすべて正しいと思って経営してきた。だが、それは間違っていた。テレワークも信用してなかった。収益が一時的に落ちても、社員が幸せを感じる働きやすい会社にする。そのために50くらい変えるべき項目を考えた。反省する時間をもらっていると思い、日本の経営者も自身の手法を考えてほしい」

これは日本経済新聞朝刊の「コロナと世界」という特集記事（2020年4月21日）に掲載されていた日本電産の創業者で現在は会長兼CEOの永守重信氏のコメントである。

創業以来一貫して雇用維持を重視し、リーマンショックのときも一人も切らなかった永守氏は、「財産をなげうってでも雇用は守る。それが日本の企業の強さ」と断言する。その一方で、売り上げが半減しても同じ利益を出す経営を徹底。世界中の社員からコスト削減のアイデアを募ったところ30万点も集まり、次々と実行したという。

そんな永守氏がコロナ禍で時代の変化に気づいた。リーマン時の社員たちは会社のために働こうと言い続けたけど、今回は「自分と家族を守り、それから会社だ」と。そこで今までのやり方を少し変え、今後も「自分から切ることは絶対にしない」が、自分の道を目指す社員には転職の支援制度を徹底するという。さらに、監査等委員会設置会社に移行し、取締役会は9人のうち社内を永守氏と関社長の2人だけにして、あとは社外にするなど〝外の目〟を強化した。

つまり、「社員は会社が第一。社員は会社で定年まで勤めあげたい」と信じていたのは間違いだったと自らの過ちを認め、経営者としてやるべきことを考えた。そして自らの経営哲学はいっさい曲げないけれど、「社員が幸せを感じる会社にする」という新たな方針を掲げた。

企業と働く人が共に成長する経営を選択したのだ。

「無職の専業主婦」が炎上した背景とは

「働く女性の声を受け『無職の専業主婦』の年金半額案も検討される」という見出しの週刊誌の記事に、女性たちから批判が殺到するという騒ぎがあった。

「共稼ぎの妻や働く独身女性などから『保険料を負担せずに年金を受給するは不公平』という不満が根強く、政府は男女共同参画基本計画で〈第３号被保険者を縮小していく〉と閣議決定し、国策として妻たちからなんとかして保険料を徴収する作戦を進めている」という内容とタイトルに、「〝働く女vs専業主婦〟みたいな構図で書かないでほしい」「専業主婦をバカにしすぎ」と大炎上したのだ。

以前、〝島耕作〟の「能力の低い男性に家庭に入ってもらえばいい」との発言が前後の文脈を顧みずひとり歩きし炎上したことがあったが、専業主婦を無職よばわりする方には、ぜひともひと月くらい家庭に入って専業主婦をやっていただきたいものだ。

主婦業とは、家庭の責任者として限られた時間とリソースで予測不能な出来事に対処する仕事だ。子どもの不意の病気や事故への絶えざる不安、隣人の気分や夫の帰宅時の機嫌など、さまざまな脅威と常に背中合わせで、いかなる異変にも対応できるだけの高度な判断力とマネジメント能力と多様なスキルが求められる。それは家庭外の活動と同じ、いやそれ以上に価値ある仕事だ。

実際、イタリアでは主婦にはcasalinga（カサリンガ）という職業名がつけられ、医師、警察官、ジャーナリスト、作家同様、プロフェッショナルな職業に分類されているし、主婦業＝ケア労働は市場労働と同等に価値あるものとして国の施策に生かすのが、世界のスタンダードだ。

労働＝有償労働と思われがちだが、国を成長させ、社会を支え、人を守る労働は、「市場労働＝有償」と「ケア労働＝無償」の2つに分けることができる。生きていくためには「おカネ」が必要なので、私たちは「市場労働」をする。生きていくためにはご飯を食べたり、掃除をしたり、その力がない子どもや高齢者の世話をしたりする必要があるので「ケア労働」をする。

男であれ女であれ、市場労働とケア労働にアクセスする権利があり、前者の権利は「労働権」、後者の権利には「父母権」「保育権」があり、「子が親を介護する権利」「社会活動としてボランティアする権利」なども含まれる。これが世界の考え方だ。

そこで社会政策の国際比較を行って福祉国家の類型化を試みたスウェーデンの社会政策学者セインズベリーの研究をベースに、「市場労働とケア労働を国の政策としてどう考えているのか？」」を横軸に、「社会におけるジェンダー役割」を縦軸に表を作成すると、日本がいかに「男社会」かがわかる（図3－3）。

「市場労働＝ケア労働」の国は、アイスランド（1位）、フィンランド（3位）、スウェーデン（5位）、デンマーク（14位）、ノルウェー（2位）と、世界各国の男女平等の度合いを示す「ジェンダー・ギャップ指数」上位国。「市場労働者のケア労働を評価」のオランダ（32位）、フランス（11位）、イギリス（15位）、ドイツ（12位）も軒並み上位国が占める。

一方、「市場労働のみ評価」の米国は45位と一般的なイメージより低く、韓国（118位）、日本（114位）は最下位グループ常連国だ。このように「ケア労働」を主体に分析すると、日本で女性活躍が一向に進まず、男女間の賃金格差縮小のスピードも遅い理由がよくわかる。

おそらく、コロナ禍で在宅勤務が続いた男性たちは、ケア労働の大変さと大切さを痛感したことだろう。

いずれにせよ、件の記事が出た背景には「専業主婦を安い賃金で雇いたい！」という思惑

図3-3
社会政策からみても… 日本はまだ「男社会」？

	市場労働＝ケア労働 福祉国家・普遍主義	市場労働者のケア労働を評価 福祉国家・総合主義	市場労働のみ評価 市場志向・自由主義
共働き型	アイスランド フィンランド スウェーデン デンマーク	オランダ	米国
弱い男性稼得者型	ノルウェー	フランス イギリス	韓国
強固な男性稼得者型	——	ドイツ	**日本**

横軸 ● 市場労働＝ケア労働
2つの労働の価値を認め、
無償労働者にも社会福祉政策がとられている国
● 市場労働者のケア労働を評価
市場労働者もケア労働に従事する権利と認め、日、週の短時間労働及び
長期休暇を徹底することを企業の義務としている国
● 市場労働のみ評価
ケア労働に国が積極的に介入せず、
保育サービスは基本的に市場に任せている国

縦軸「男性稼得者型(Male breadwinnermodel)」とは性別分業が維持される社会で、
男性は扶養者としての賃金労働者で、
女性は被扶養者として恩恵を享受する「男は仕事、女は家庭」モデル。
これに対して「共働き型（dual earner model)」は個人がそれぞれ労働者。
共同生活を営む男女の稼得役割の比率（男性：女性）は
● 共働き型「1:1」
● 弱い男性稼得者型「1:0.5」
● 強固な男性稼得者型「1:0」

出所：セインズベリーの研究をベースに筆者作成

も透けて見える。「『第3号被保険者』の妻は約870万人」（前述の記事より）から「保険料を取りたい！」という国の執念と、人手不足解消に「専業主婦を労働市場に引き出したい」という企業の意向が合致した。

高度成長期に人手不足を補うために、専業主婦を安い賃金で「パート」として雇い、「主婦は家族を養わなくてもいい存在（養えるだけの賃金は不要）」として扱ったように、だ。

なぜ優秀な女性を半分の賃金で雇えるのか

高度成長に突入した1950年代、日本では「臨時工」を増やしてきた歴史がある。臨時工は今でいう非正規で、企業は正規雇用＝本工より賃金の安い臨時工を増やすことで生産性を向上させた。臨時工の低賃金と不安定さは労働法上の争点として繰り返し議論され、大きな社会問題に発展。そこで政府は1966年「不安定な雇用状態の是正を図るため、雇用形態の改善等を促進するために必要な施策を充実すること」を基本方針に掲げ、67年に策定された雇用対策基本計画で、「不安定な雇用者の減少」「賃金等の差別撤廃」を今後10年程度の政策目標とした。

ところが、1970年代になると人手不足解消に臨時工を本工として登用する企業が相次ぎ、臨時工問題は自然消滅する。その一方で、主婦を「パート」として安い賃金で雇う企業が増えた。

本工と臨時工の格差問題では「家族持ちの世帯主の男性の賃金が安いのはおかしい」という声に政府も企業もなんらかの手立てを講じる必要に迫られたが、パートは主婦だったため議論は盛り上がらなかった。「本来、女性は家庭を守る存在であり、家族を養わなくてもいい人たち」という共通認識のもと、「パート＝主婦の家計補助的な働き方」という分類が〝当たり前〟となり、賃金問題は置き去りにされてしまったのだ。

その〝当たり前〟は現場でパートが量的にも質的にも基幹的な存在になっても、変わらなかった。どんなに婦人団体が抗議しても「パートは所詮主婦。男性正社員とは身分が違う」という意味不明の身分格差で反論された。

1976年に朝日新聞社に入社し、経済部の記者としてキャリアを歩んできた〝働く女性〟のパイオニア・竹信三恵子さんは、いかにパートが企業にとって便利な存在だったかを、中小企業の社長さんの言葉として著書『ルポ賃金差別』（ちくま新書）で紹介している。

「女の時代って、本当にいいですね。女性が外で活躍してくれるようになり、大学院を修了した人や大卒のすばらしく優秀な女性が、パートや派遣として正社員の半分の賃金でも働いてくれるんですから」

社長さんがこう嬉しそうに語った1980年代は、男女雇用機会均等法ができ「均等法で会社に男女差別はなくなった」というイメージが社会に膨らんでいた時代だった。しかしながら、「パートの賃金は安くて当たり前」というあからさまな差別は無分別に続いていたのである。

シングルマザーの貧困と消えぬ「世帯主」思想

日本がGDPで米国、中国に次ぐ世界3位の経済大国なのにもかかわらず、シングルマザー世帯の貧困率が先進国で突出していることも、「パートの賃金は安くて当たり前」という旧態依然とした価値観が根っこにある。以前、参加させていただいた労働問題を意見する場で、パートの賃金の低さを指摘され、「賃金の違いは差別ではない。能力の違いなんだよ」と答えた男性がいたが、こういう思想を疑いもなくいまだに持ち続けている人たちが一定数存在するのだ。

2018年の女性の就業率が全年齢ベースで51・3%となり、50年ぶりに5割を超えたが[4]、雇用形態別にみると明らかな性差が認められている。

男性の場合、正規雇用が29万人増え、非正規は22万人増だったのに対し、女性では正規雇用が24万人増え、非正規は62万人増。全体では働いている人の3人に1人が非正規雇用だが、女性に限ると2人に1人。正規雇用の場合、男性の平均年収は547万円なのに対し、女性は376万円。非正規では、男性229万円に対し女性はわずか150万円だ。

また、男性を100とした場合の女性の賃金は73・4で、これも先進国では最低レベルだ[5]。

「女性活躍」「ダイバーシティ（多様性）」という言葉は、単なるスローガンでしかないのである。

30代会社員がバブル世代から学びたいこと

「自分もコストとしてしか見られてないと思うと、結果を出せないことにプレッシャーがかかる。仕事のオペレーションがどんどん複雑になってるのに、結果ばかり求められるから若手も嫌になっちゃう。20代前半の離職率が高まっているのは、そういったことも関係しているんだと思います」

「もっと上の世代と若い世代が一緒になって仕事をした方がいいんじゃないですかね。もっと学びたいのに、希望退職でデキる人ほど辞めちゃうんですよね」

「僕らの世代で会社に期待してる人なんていないのかなぁ？　どうせあと10年もしないうちに僕たちも切られるんですよね？　そうなったときに他でやっていける自信もない。ホント僕

4　総務省統計局「平成30年労働力調査」
5　厚生労働省「平成29年賃金構造基本統計調査」

らはどうなるんだろう……」

これは40代後半以上をターゲットに希望退職の嵐が吹き荒れた2020年初頭、若手社員数名に協力してもらったインタビューで彼らが口にした不安である。人員削減のようなわかりやすいコストカットが会社に残る人の心理に悪影響を及ぼすことは、世界中の調査研究で証明されているが、希望退職という名のリストラは「やる気なし若手」を量産していたのだ。もっともバブル世代を毛嫌いする彼らから「上の世代からもっと学びたい」という意見が出たのは意外だったが。

いずれにせよ、どんな仕事でも実際に現場で回そうとすると、なかなかうまくいかないものだ。そんなとき年配者の気の利いた言葉や、ちょっとした気遣いに救われることがある。一つひとつは小さなことでも、そういった日常が繰り返されることで次第に「仕事の筋肉」が鍛えられ、あるとき小躍りするような成果が出たり、自分でも予期しなかった朗報が入ったり。それは自分の成長を実感する瞬間でもある。

こうしたキャリアを耕す経験が、希望退職という悪行により奪われている。さまざまな業界で「プロがいなくなった」とたびたび感じるのも、長年汗をかいてきた熟練者を戦力外にしてきたせいだ。

29歳以下の若手ほど働きがいを感じていない日本

厚労省が公表した「令和元年版労働経済の分析――人手不足の下での『働き方』をめぐる課題について――労働経済白書」で、若手ほど働きがいを感じていない実態が報告されている。[6]

具体的には、

- 正社員では29歳以下の若手ほど働きがいを感じていない
- 働きがいが高い企業ほど入社3年後の定着率が高まり、企業の労働生産性も上がる

---

6 この調査では働きがいを「ワーク・エンゲイジメント・スコア」を用いて数値化。「ワーク・エンゲイジメント」とは、「仕事に関連するポジティブで充実した心理状態」を表す概念で、具体的には「活力＝仕事から活力を得ていきいきとしている」「熱意＝仕事に誇りとやりがいを感じている」「没頭＝仕事に熱心に取り組んでいる」の3つが揃った状態と定義される。ワーク・エンゲイジメントが高い人ほど、パフォーマンスが高く、心身の健康度が高く、離職傾向が低いことがさまざまな調査研究で明かされている。

- 職場の人間関係やコミュニケーションが円滑なほど、働きがいは高い
- 労働時間の短縮が進み、柔軟性の高い職場ほど、働きがいは高い
- 裁量権が高い職場ほど、働きがいは高い
- 将来のキャリア展望が明確なほど、働きがいが高い

といった具合だ。

未来の自分＝シニア層をどんどん解雇する会社に、若手が期待するわけがない。社員＝人に投資することで、「1＋1＝3、4、5」というチーム力の高い価値ある「会社＝COMPANY」ができあがるのだ。社員を単なるコストとしか考えない会社の未来に何が待ち受けているというのだろうか。

第4章

広がり過ぎた格差のゆくえは

昭和モデルからこぼれ落ちるということ

「月10万円の生活」をどう考えるか

２０１９年1月、アメリカの「ブルームバーグ」誌に日本をシニカルに取り上げたオピニオン記事が掲載された。

原文のタイトルは“Stop Blaming America's Poor for Their Poverty. ／In Japan, people work hard, few abuse drugs, crime is minimal and single mothers are rare. The country still has lots of poverty.”。貧困を個人の責任にしたがるアメリカの保守系の人たちに、「アメリカの貧困を自己責任にするな。日本を見よ、国民はみな真面目で勤勉で、薬物乱用や犯罪も少なくシングルマザーも稀《まれ》なのに、貧困な人々がたくさんいるぞ！」と言いたかったらしい。

指摘されたとおり、日本の相対的貧困率は15％以上で、日米欧主要7カ国（G7）のうち米国に次いで2番目に高く、ＯＥＣＤ（経済協力開発機構）加盟国35カ国中、ワースト１位だ。特に母子家庭の貧困率は最悪で、アメリカ36％、フランス12％、イギリス７％に対して日本は58％。シングルマザーの就業率は先進国でもっとも高い84・5％なのに、３人に２人が貧困というパラドックスが存在する（ＯＥＣＤの報告より）。

日本も含めた先進国で使われる「相対的貧困率」は、世帯の所得がその国の等価可処分所得の中央値の半分に満たない人々の割合のこと。平たく言うと「恥ずかしい思いをすることなく生活できる水準」にない人々を捉えたものだ。

その水準の目安となるのが貧困ラインで、日本の場合、１２２万円程度になる（厚労省「国民生活基礎調査」）。月額にすると10万円（単身世帯の場合）。たったの10万円しかない。

ところが、「相対的」という言葉が使われることで、皮肉にも「月10万円の生活」のリアルがぼやける。

「今晩、飯を炊くのにお米が用意できないという家は日本中にない。こんな素晴らしいというか、幸せな国はない」などと口走った政治家がいたように、貧しさを知らない人には「カネがない恥ずかしさ」がイメージできず、相対的貧困の人たちの大半を占める非正規の人が仕事を失うとたちまち「飯を炊くお米を用意できなくなる」ことさえ想像できない。

実際、コロナ禍で仕事を失ったシングルマザーから、「子どもがお腹を空かせていても食べさせるものがない」「公園の水や野草で空腹を満たしている」など、ショッキングな相談も寄せられていたという。[1]

日本のセーフティネットは「正社員」が前提なので、非正規はスキマに落ちてしまいがちだ。正社員の雇用保険・健康保険・厚生年金の加入率は99％超だが、非正規では雇用保険67・7％、健康保険54・7％、厚生年金52％と低い。また、社内組合に非正規は入れない場合が多いため、当事者が声をあげるのも難しい。

蔓延する相対的貧困

その上、非正規労働者を見る世間のまなざしも、決して温かいものではない。「働く気さえあれば働く場所はどこにでもある」「正社員になる努力が足りない」「あえて非正規を選択したのが悪い」などと自己責任論にされてしまうのだ。

2009年4月に、39歳の男性が自宅で餓死するという痛ましい事件があった。男性は派遣切りにあい、生活が困窮していたのに、誰にも相談していなかった。当時、この事件は社会問題になり、NHKの取材でこの男性と同じように、「家族に迷惑をかけられない」「自分で仕事を見つけ、なんとかする」と考え、社会から孤立してしまう30代が増えていることがわかった。中には、藁をも摑む思いで生活保護の相談に行ったところ、「若いんだからもう少し頑張って仕事見つけてみなさい」と突き放されてしまった人もいたという。[2]

ＳＯＳを出したくても出せない。カネがなくて困っていることを知られたくない。自己責任として自分を責めることで自尊心を守るという息苦しさが、若者たちを追いつめていた。この時の30代こそが、言うまでもない、世間が見捨てた「氷河期世代」だ。

そもそも先進国が相対的貧困を貧しさの指標にするのは、「貧困がどの程度社会に容認されているのか？」という問題意識が根底にある。

すなわち「広がり過ぎた格差＝相対的貧困」は見えないため、その背後に隠された低賃金などの労働要因、ひとり親世帯や高齢者世帯などの家族要因、病気などの医療要因、低学歴などの教育要因を具体的に突き止めれば可視化できる。

1　朝日新聞2020年5月21日朝刊　ＮＰＯ法人しんぐるまざあず・ふぉーらむ赤石千衣子理事長のコメント
2　ＮＨＫ「〝助けて〟と言えない〜いま30代に何が〜」2009年10月7日放送

さらに、最近は相対的貧困とともに剝奪指標を用いて「水準以下の生活」を社会に理解させる試みも広がっている。[3]

剝奪とは「普通だったら経験できること」ができない状態で、剝奪指標の生みの親、英国の社会学者ピーター・タウンゼントは、「紅茶を飲むのは英国人にとって自然なことで、それさえ奪われるのは貧困」と説明する。

「日本人にとってお正月におもちを食べるのは自然なことで、それさえ奪われるのは貧困」あるいは「日本人にとって病気になったら病院に行くのは自然なことで、それさえ奪われるのは貧困」といった具合だろうか。

「やりたいことをやってほしい」と言う冷酷さ

ある学生が提出したレポートに、見えない貧困の事実を痛感させられたことがあった。

「河合先生はものすごく恵まれた人なんだと思います。僕の母はずっとスーパーのレジで働いています。僕を育てるために安い時給のレジ打ちをずっとやってきました。好きなことなんか何もできないし、やりたいことなんかやっていない。でも、僕はそんな母を誇りに思います」と書かれていたのだ。

この講義はキャリア教育の一環で行ったもので、私は就職に役立つことばかりに精を出し、世間の正解に振り回されがちな学生たちに、誰がなんと言おうと「自分がやりたい」と思った気持ちを大切にしてほしい、すぐにやりたいことができなくても「石の上にも三年」だと思って、目の前のことを一生懸命やってほしいと伝えた。３００人超の学生のほとんどが、「やりたいことをやっていいとわかってホッとした」「就職後は『石の上にも三年』って言葉を思い出したい」「勇気が出た」「自分を信じ、できると信じ、頑張りたい」と、レポートに書いた。ところが彼は「先生は恵まれている」という、私が全く予期しない、それでいてとてつもなく重い言葉を綴った。

彼は母子家庭で育ち、母の苦労が痛いほどわかっていたのだと思う。なのに、私はそういう母親たちがいると頭では理解しつつリアルにはわかってなかった。「やりたい気持ちを大

３　ＥＵが加盟国に毎年実施している欧州所得・生活状況調査（ＥＵ―ＳＩＬＩＣ）では、相対的貧困と共に剝奪指標が採用されている

切にしてほしい」という言葉が、やりたいことの機会すら得られない人にとっていかに冷酷なものかを知り、私は深く反省した。

貧しさは見えない。だからこそ、相対的貧困の背後に潜む問題の理解が必要になる。それは「私たちの未来の社会のしくみ」を考えることだ。

そこで本章では貧困に関するさまざまなデータから、解決すべき問題を読み解いていく。

5世帯に1世帯は貧困ライン以下?

まず最初に、貧困ラインの移り変わりを見てみよう。厚生労働省の所得再分配調査から所得の中央値と貧困ライン、貧困率を推定した「日本の貧困と労働に関する実証分析」(橘木俊詔、浦川邦夫)によると、中間層の所得水準が1995年の284万円台から2001年は262万円台に落ち込み、貧困ラインが142万円から131万円台に10万円下がり、貧困率は15・2%から17%に増加していることがわかった。この期間はバブルが崩壊し、山一證券が経営破綻するなど社会状況が大きく変わり、格差が広がった時期と重なる。そこで95年の貧困ラインを基準に相対的貧困率を推定したところ(Case・2)、2001年の貧困

図4－1
5世帯に1世帯は貧困ラインに
等価可処分所得を用いた貧困指標の年次推移

[e=0.5]	中央値（万円）	Case.1 貧困線は毎年変動 貧困線（万円）	貧困率（%）	貧困ギャップ率（%）	Case.2 貧困線は95年水準に固定 貧困線（万円）	貧困率（%）	貧困ギャップ率（%）
全世帯 1992年	270.1	135.1	15.2	5.2	139.2	16.1	5.5
全世帯 1995年	284.2	142.0	15.2	5.3	142.0	15.2	5.3
全世帯 1998年	280.5	140.3	16.2	5.9	145.9	17.5	6.3
全世帯 2001年	262.1	131.1	17.0	5.9	144.4	20.2	7.1
貧困率の差の検定		Case.1 95-98（+0.90'）, 95-01（+1.68**）, 98-01（+0.78）			Case.2 95-98（+2.31**）, 95-01（+5.03**）, 98-01（+2.72**）		

注 1）「所得再分配調査」（平成5年、8年、11年、14年）より計算。
2）Case.1では貧困線は等価可処分所得の中央値の50%として推計。
3）Case.2では貧困線は1995年の等価可処分所得の中央値の50%を基準とし、消費者物価上昇率を考慮して設定。
総務省統計局編「消費者物価指数年報」平成15年版を使用。
4）**は1%、*は5%、'は10%水準で各年の貧困率の差が統計的に有意であることを示す。
出所：「日本の貧困と労働に関する実証分析」橘木俊詔、浦川邦夫

率は20%。実に、5世帯に1世帯が貧困ライン以下という、かなり衝撃的な状況になった(図4―1)。

また、95年、01年どちらも共通して「低所得の高齢者」「無職の人」「非正規など不安定な労働形態で働く人」及び「自営業者」が貧困に落ち込むリスクが非常に高いこともわかった。

さらに、過去10年間の貧困率の上昇には、65歳以上の世帯や単身世帯(主に単身高齢者世帯)、大人1人と子どもの世帯のシェアの増加が影響していることが確認されている。[4]

この30年で、父子世帯は10万1705から8万4003世帯に減少した一方で、母子世帯は55万1977から75万4724世帯に増加しているので、ここでの「大人1人と子ども世帯」とはシングルマザー家庭と考えて間違いないだろう(図4―2)。

子育て世帯の平均税込収入は、母子世帯が299・9万円、父子世帯が623・5万円、ふたり親世帯が734・7万円だ。母子世帯の平均収入は、前回調査(2016年)より17万円も低い。また、貧困ラインの50%に満たない「ディーププア」世帯の割合は、母子世帯が13・3%、父子世帯が8・6%。母子世帯では、子どもの年齢が高いほど生活困窮度が高く、「大変苦しい」とする世帯は末子が「0~5歳」層では21・4%だが、「15~17歳」層では

図4-2
母子世帯・父子世帯の世帯数の推移

（世帯数）

	母子世帯	父子世帯
平成2年調査	551,977	101,705
平成7年調査	529,631	88,081
平成12年調査	625,904	87,373
平成17年調査	749,048	92,285
平成22年調査	755,972	88,689
平成27年調査	754,724	84,003

※ 国勢調査（各年10月1日現在）による。
※「母子（父子）世帯数」の数字は、「未婚、死別または離別の女（男）親と、その未婚の20歳未満の子どもからなる世帯（他の世帯員がいないもの）」の世帯数。
出所：厚生労働省「平成29年度母子家庭の母及び父子家庭の父の自立支援施策の実施状況」

29・4％にまで増える。[5] コロナ禍では大学生のアルバイトがなくなり問題になったが、「見えない貧困」は切実なのだ。

さて、ここまでの数字から、1990年以降日本の経済的格差が明らかに拡大し、その原因は同じく90年代以降に増えてきた「雇用のカタチ」と「家族のカタチ」によるものが大きいことがわかる。

4 厚生労働省「相対的貧困率に関する調査分析結果について」平成27年12月18日
5 独立行政法人労働政策研究・研修機構「第5回（2018）子育て世帯全国調査」

男性は中高年期から貧困リスクが高まる

日本の貧困層は働けど働けど楽にならない「ワーキングプア」が9割を占め、その中には大学院などを出た「高学歴ワーキングプア」も含まれている。ワーキングプア世帯は推計247万世帯で、北海道の全世帯数に相当する。[6]

そこでワーキングプアの割合を年齢階級と性別でみると、これからの日本社会の問題がとてもよくわかる(図4―3)。

男性のワーキングプア率は20代後半から減少し、50代になると増加に転じ70歳で急増する。一方、女性は25―29歳では低下するが30代前半で急増し、一貫して男性より高く、70代になるとさらに差が広がっていく。つまり、男性の場合、中高年で貧困リスクが高まり、そのまま高齢期をむかえてしまうおそれがあり、女性の場合は常に貧困と背中合わせで、特に

---

6 「中高年ワーキングプアの現状と課題――キャリアアップ・就労支援制度に新しい視点を」

図４-３
50代になるとワーキングプアが増える？
ワーキングプア率（2015年）

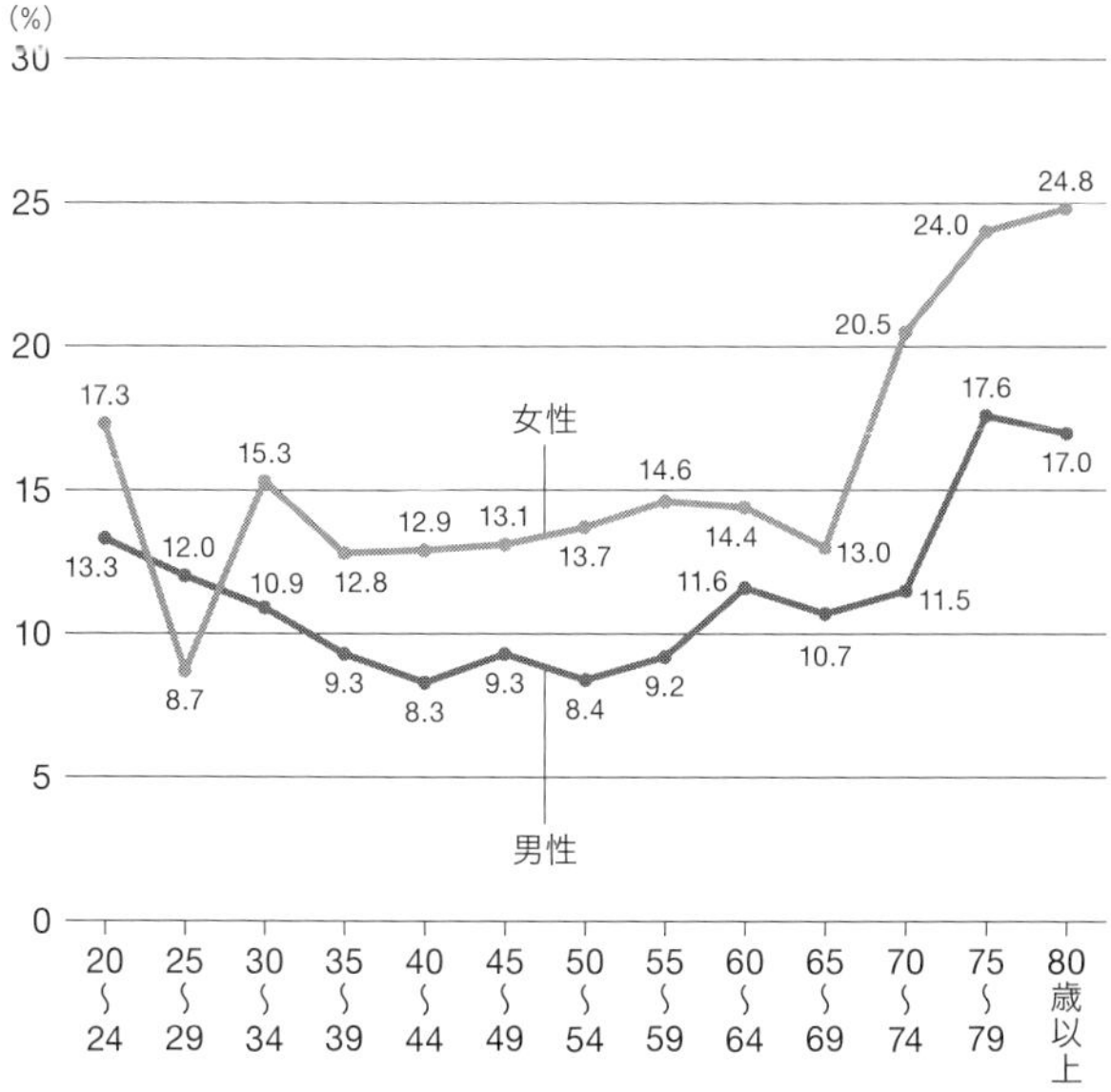

出所：阿部彩（2018）「日本の相対的貧困率の動態：2012から2015年」
科学研究費助成事業（科学研究費補助金）（基盤研究（B））
「「貧困学」のフロンティアを構築する研究」（報告書）より引用

ワーキングプア率＝働いているが世帯所得が
相対的貧困線以下の人の割合。

高齢期に深刻になってしまうのだ。

中高年男性の貧困には、正規雇用と非正規雇用の賃金カーブの違いが影響していると考えられる。正社員が50代前半をピークとする山型であるのに対し、非正規はフラットだ。50代の正社員の平均月収が40万円に対し、非正規社員は20・4万円しかない。単純に年間（12カ月）に換算すると235・2万円もの違いになる。これはかなり大きな差だ。[7]

また、若いうちは正社員になることが可能だが、50代を正社員で雇う企業はほぼない。さらに、60歳になるとほとんどの人たちが、嘱託などの非正規雇用になる。役員を除く雇用者に占める非正規の職員・従業員の割合を年齢階級別にみると、65歳以上では2019年平均で77・3％（前年より1・9ポイント増）と、シニアの8割近くが非正規で働いている。賃金3割減は当たり前で、中には7割も減らされて、「給与明細を見てびっくりした」というシニア社員は想像以上に多い。

しかも、こういったシニア社員の低賃金が非正規雇用全体の賃金を下げてしまっているという、皮肉な分析もある。日本総研が、非正規で働く人たちの平均賃金の決定要因について、業種・性別・企業規模・学歴の面でそれぞれ異なる労働者グループ208個のデータを用いて分析したところ、60代前半の非正規労働者の低賃金が大きな問題であった。[8]

最低賃金で働く人は10年で4倍も増えている

書いているだけで暗澹たる気分になるのだが、今後は新たな貧困リスクも懸念される。この30年間で「働き盛りの世代の非正規化」がどんどんと加速しているのだ。男性の25〜34歳では4％から14・4％に増加し、そのまま高水準が続いている（図4―4）。

問題はそれだけではない。日本の実質の最低賃金はここ10年で20％上がった一方で、最低賃金レベルで働く人が10年間で4倍も増えた。2007年には最低賃金＝719円に近い時給800円未満の人は7万2000人だったが、2017年には最低賃金＝932円に近い時給1000円未満の人は27万5000人にもなっているのだ。[9]

7　厚生労働省「平成30年賃金構造基本統計調査」
8　山田久「シニアの活躍促進に向けた人材戦略」
9　「「最低」に張り付く賃金打開のカギ、生産性向上に―チャートは語る」（日本経済新聞2019年7月21日）

図4-4
働き盛り世代の非正規化が加速

雇用者（役員を除く）に占める非正規の職員・従業員割合（男性）

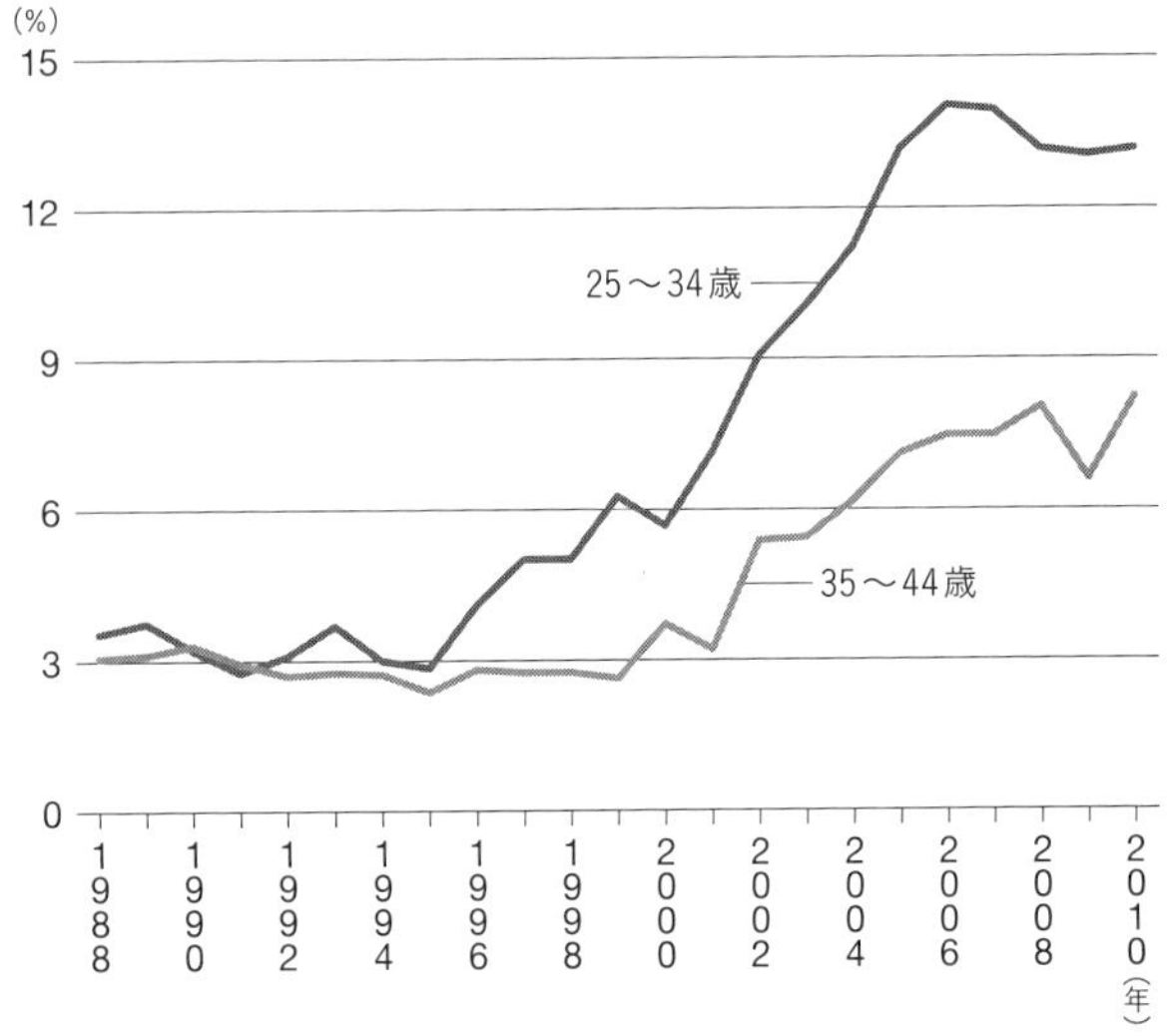

出所：厚生労働省「労働力調査特別調査（1988～2001年）」各年2月時点及び「労働力調査細集計（2002年以降）」1～3月平均に基づき作成。

「下流老人」という言葉がはやったときに、「それは一部の人の話。不安を煽っているだけ」と語った識者がいたが、今後は誰もが「貧困高齢者」「貧困高齢者予備軍」になると考えた方がいい。日本では「65歳以降も働けるうちは働きたいと答える人が他の先進国に比べて多い」という言説は、働かないと生活できないという明確な社会問題なのだ。

老人ホームで働く老人たちのリアル

「私のホームには男性3名、女性1名の定年退職者が働いています。いずれも70代で、最高齢者は79歳の男性です。彼らは時間をもてあまして働いているわけではありません。老後資金が足りないのです。正規のヘルパーでも賃金が安い介護業界で、彼らは文字通りの『低賃金』で毎日に耐えています。ホームの仕事は重労働ですので、高齢者にはかなりきついはずです。でも、おカネがないから頑張るしかない。誰かとおしゃべりするとか、一服いれる余裕もなく、毎日黙々と働いています。

私は最近、部屋の掃除、ベッドメーキング、洗濯などを自分でやるのが大変になったので、毎週1回、サポートを頼むことにしました。月4回で1万800円です。配属されたのは79歳の男性でした。彼は一生懸命にやってくれましたが、男性であるため家事に不慣れで、さらに老化のためか、そのサービス内容はとても満足のいくものではありませんでした。

でも、私は高齢者の働き口を奪いたくありません。それに彼が一生懸命やっている姿を見ていたので、彼がやってくれたあとに、もう一度、気づかれないようにやり直しています。私は91歳になりますが、同じ高齢者でも80歳以下の人たちは、私の時代よりも大変なんじゃないでしょうか。聞くところによると、ホームでも働き口がある高齢者はまだいいそうです。それさえもかなわない人たちが大勢います」

これは私の91歳の〝お友達〟が教えてくれた、生活のために働く高齢者の姿だ。

繰り返すが、貧困は社会の問題である。「人生100年時代」というのに、社会は100年生きるしくみになっていないのだ。80歳近くなれば、肉体的にも精神的にも弱ってしまうのに、それでも低賃金に耐えて働かなくてはならない現実がある。

欧米では、非正規の賃金は高くて当たり前

雇用問題では、常に「世界と戦うには……」という枕詞が使われ、グローバルスタンダードにこだわっているけど、日本の常識が世界の非常識になっていることは珍しくない。例えば、欧州諸国では「非正規社員の賃金は正社員よりも高くて当たり前」が常識である。

フランスでは派遣などの有期労働者は、「企業が必要なときだけ雇用できる」というメリットを企業に与えているとの認識から、非正規雇用には不安定雇用手当があり、正社員より１割程度高い賃金が支払われている。イタリア、デンマーク、オーストラリア、ニュージーランド、カナダなどでも、「解雇によるリスク」を補うために賃金にプラスαがあるので、非正規労働者の賃金の方が正社員よりも高い。ＥＵ諸国の中には、原則的に有期雇用は禁止し、有期雇用にできる場合の制約を詳細に決めているケースも多い。

人間の尊厳のために仕事は必要だし、有期契約のような不安定な仕事は人間の尊厳を満たすには十分ではないという価値観が共有されているのだ。

同一労働同一賃金の考え方も、日本の常識は世界の非常識だ。

2016年2月22日に開かれた通常国会で、安倍首相の口から初めて「同一労働同一賃金」という言葉が施政方針演説で使われたときから、日本は一貫して「均衡」を重視。厚労省の同一労働同一賃金ガイドラインでも、「本ガイドラインは、正規か非正規かという雇用形態にかかわらない均等・均衡待遇を確保し、同一労働同一賃金の実現に向けて策定するもの」と記されているが、世界の常識は「均等」であって「均衡」ではない。

「均等」とは、一言で言えば「差別的取扱いの禁止」のこと。国籍、信条、性別、年齢などの属性の違いを賃金格差（処遇含む）に結びつけることは許されず、仮に行われた場合、労働者は損害賠償を求めることができる。

一方、「均衡」は、文字通り「バランス」。「処遇の違いが合理的な程度及び範囲にとどまればいい」とするもので、「年齢が上」「責任がある」「経験がある」「異動がある」「転勤がある」といった理由を付すれば「違い」があっても問題ない。あるいは、正社員の賃金を減らしバランスをとることもできる。「同一労働同一賃金＝給料があがる」とは限らないのである。

非正規が4割を占めるのに
社会は正社員前提？

50年以上前の1951年にILO（国際労働機関）は「同一（価値）労働同一賃金」をもっとも重要な原則として第100号条約を採択した。その根幹は「均等」にある。職種が異なる場合でも、労働の質が同等であれば同一の賃金水準を適用するとし、一切の差別を禁止している。

もっとも、ジョブ型でない日本独特の働き方では、年齢や経験など職務給があるため、同一労働同一賃金を実行するのは容易なことではないかもしれない。だが、最後まで「均衡」を排除しなかったのは、ある意味「働く人」ではなく「企業」を重視したことを意味する。暗に差別を容認した、そう思われてもしかたがない。

そもそも単なる雇用形態の違いで、賃金格差、待遇格差をもたらしたのは企業の側だ。賃金を低くし、昇進や昇給の機会や社内教育の機会をなくし、雇用保険にも入れず、産休や育休、有休を取りづらくし、時短労働ができないなど、働かせ方を区別し、機会格差と身分格差を生み出した。

つまるところ、単なる雇用形態の違いなのに賃金格差をもたらし、身分格差にすり替えた末路が日本の突出した相対的貧困率の高さにつながっているのではないか。非正規が4割を占めるのに、いまだに社会セーフティネットのシステムが正社員を前提にしているのはおかしい。80歳近くになっても生活のために働かなければならない社会が、豊かな社会と言えるだろうか。

誕生日を祝ってもらえない子どもたち

剥奪指標を用いると、貧しい生活の温度がもう少しイメージできる。

東京都大田区が「子どもの剥奪指標」を用いて、調査したところ「家族で海水浴に行くことがない」と回答した割合は、非生活困難層では20・3%だったのに対し、生活困難層では42・7%。「キャンプやバーベキュー」については、非生活困難層41・5%に対し、生活困難層は68・4%と7割が「ない」とした[10]。世田谷区の調査では「子どもを習い事に通わせることができない」と生活困難層の26・7％が答え、「クリスマスのプレゼントやお年玉をあげることができない」は15％、「お誕生日のお祝いができない」は6・7％だった。[11]

子どもの貧困は数年前から社会問題になっているが必ずしも、子どもの貧困＝シングルマザーではない。確かに貧困率の高さはシングルマザー世帯が突出しているけど、貧しい子どもの数は2人親世帯にも多い。

また、2人親世帯の場合、子どもがいる世帯の方がいない世帯より貧困率が高いという現実もある。実に悲しいけど、今、私たちが暮らす社会は「子どもを持つ」という人生においてとても幸せなライフイベントでさえ、貧困リスクのひとつなのだ。

第1章で書いたとおり、貧困の最大の問題は「普通だったら経験できることができない」

10 「大田区子どもの生活実態に関するアンケート調査報告書」
11 世田谷区平成30年度「子どもの生活実態調査結果」

という、機会の剥奪である。とりわけ幼少期の「機会剥奪」はその後の人生の選択にも大きな影響を与える。教育を受ける機会、仲間と学ぶ機会、友達と遊ぶ機会、知識を広げる機会、スポーツや余暇に関わる機会、家族の思い出をつくる機会、親と接する機会…… etc. etc.。

私たちは幼少期にこういったさまざまな経験を積む中で、80年以上の人生を生き抜く「リソース」を獲得する。ところが低所得世帯の子どもはそういった機会を経験できず、進学する機会、仕事に就く機会、結婚する機会などが制限されるようになる。

お茶の水女子大学が、全国学力テストを受けた小学校6年生と中学3年生の保護者約12万2000人を対象に調査し、両親の収入や学歴（SES）[12]で「上位層」「中上位層」「中下位層」「下位層」の4群に分割したところ、

- 層が上がるほど学力調査の平均正答率が高く、中3の数学Aでは「上位層」77・1％に対して「下位層」は52・8％
- 層が上がるほど子どもへの進学期待が高く、「大学」と答える人は、小6の「上位層」で80・8％に対し「下位層」33・2％、中3の「上位層」で81％に対し「下位層」は

29・3%

といった具合に、学力のみならず進学の期待にも違いが及ぶことがわかった。[13]

それだけではない。2011年から14年までに自殺した国公私立の小中高校、特別支援学校の児童生徒約500人について実態を調査したところ、「経済的困難」で将来を悲観した自殺が5%と、「いじめ」の2%を上回っていることが明らかになっている（文部科学省調べ）。

どんなに先生が頑張っても学力が上がらない学校

「子どもたちの学力が低いと先生の指導に問題があるように言われるけど、どんなに先生た

12 SES＝Socioeconomic Status. 社会経済的地位
13 「保護者に対する調査の結果と学力等との関係の専門的な分析に関する調査研究」お茶の水女子大学

ちが頑張っても学力が上がらない学校というのがある。例えば、県でトップクラスの学力を誇っている学校の先生全員が、学力の低い学校に行って頑張ったとしても、そんなに簡単には学力は伸びない。先生たちだけじゃ、どうにもできないことが現実にあるんです」

以前、インタビューした先生がこう話してくれたことがあった。経済的に困窮している家庭の子どもほど、「私バカだから、わからな～い」と勉強を投げ出す傾向が強いそうだ。

教育問題を扱ってきた苅谷剛彦さんの『学力と階層』（朝日文庫）には、これを裏付けるような興味深い調査結果が記されている。

両親の学歴や職業から子どもたちが生まれ育つ家庭の社会的階層を捉え、上位、中位、下位に分類し、子どもの「学習への意欲」を分析したところ、階層下位の子どもたちほど「学習への意欲」が低かった。少人数授業を取り入れ、熱心に取り組んでいる地域でさえ、階層格差に起因する「学習意欲差」を縮小するのは難しかったという。

努力の機会を奪われる家庭

世の中に蔓延する自己責任論には、「努力する能力はすべての人に宿っている」という前提がある。しかしながら、努力する能力は子どもたちの親の階層に影響されている。それは先生たちの力だけでは埋めることのできないほど手強い。

「努力」なんて言葉を使うと、スマートに生きてきたエリートには、泥臭く聞こえるかもしれない。だが、人は何かしら動機づけられるからこそ努力する。いい大学に行きたい、やりたいことをやりたい、○○君に負けたくない……etc., etc.。めげそうになっても、頑張れ！と背中を押してくれたり、サポートしてくれる人がいるからこそもうひと踏んばりできる。そして、その努力が実ったとき、「本人の努力次第で手に入るものがある」ことを自然と学ぶのだ。

だが、そういった機会さえ奪われた子どもたちがいる。生活に余裕がない家庭の親たちは仕事に忙しくて、子どもと向き合う時間もない。子どもが頑張って宿題をやっているときに、一緒に頑張ってあげることも、テストでいい点をとって「頑張ったね！」と褒めてあげる機会も制限されてしまいがちだ。

貧困という経済的な問題が、子どもとの関わり方にまで波及していくのだ。貧しさは物質だけでなく、将来の展望、教育や励まし、時間や愛情など、多くのリソースの欠乏につながっていく。

幼少期に低所得の家庭で育った人は、そうでない場合に比べ、大学卒業の確率が約20％低く、成人後に貧困状態に陥る確率が約４％高くなり、成人後に幸福だと感じる確率は約９％低くなり、健康だと感じる確率は約12％低くなるという分析や、成人期に低所得を脱しても死亡リスクが最大２・３倍高くなるなど、成人期の幸福感や健康にまで影響を及ぼすこともわかっている。[14]

なんのために働くのか？

「『働くのはおカネのため』なんてことを言うのは、自分が納得できるような仕事ができていないことの言い訳。そんなこと言えるのは、ぜいたくもんだけだ」

生活保護を受けている人たちの取材を重ねていた知人が、あるとき、1人の年配の男性にこう言われたという。私自身、生活保護受給者たちにインタビュー調査を行ったときに「働きたい。人のために働きたい」と必死に仕事を探している人の多さに驚いたことがある。「仕事ができないっていうのは、『おまえは生きている意味がない』って、社会から言われているような気持ちになる」――そう語る人たちの多さに胸が痛くなった。彼らは世間の厳しいまなざしに、私の想像を超える苦難を感じていたのだ。

なぜ、人は働くのか？

哲学者や研究者たちが、古くからこの問いの答えを探してきた。いったん職を失った人が再び仕事を得た場合、たとえ経済的状況が改善されなくても、精神的に元気になることがこれまでの研究からわかっている。日常に「働く」という行為があるとなかなか実感できない

14　Oshio T et al. Child poverty as a determinant of life outcomes: Evidence from nationwide surveys in Japan. 2010

かもしれないけれど、「働く」ことは、人間に「生きている」という実感をもたらし、人間の生きる力を根底から支え、人生を豊かに、そして幸せにする、かけがえのない行為だ。

働くことで私たちは、おカネ以外のさまざまなリソースを手に入れることができる。自律性や自尊心、能力発揮の機会、裁量権、良好な他者関係……etc. etc.。さらには、1日の時間配分、それに合わせた身体及び精神的活動など、「当たり前の日常＝ルーティン」ができる。ルーティンは代わり映えしないことの繰り返しなので軽視されがちだが、人間は生物学的に、周期性、規則性のある行動を好む傾向があるため、1日のリズムが他者関係と共にあることで、肉体的にも精神的にも安定する。

マズローは「ユーサイキアン・マネジメント（働く人々が精神的に健康であり得るためのマネジメント）」という造語をつくり、次のように説いた。

「個人の成長という観点からみた場合、企業は自律的な欲求充足に加えて、共同的な欲求充足をもたらすことが可能であり、この点においていかなる心理療法にも優っている」と。

つまり、企業とは本来「生きていていいんだよ」というメッセージ発信の場なのだ。

社会の基盤を支える人たちの姿

なのに、そのメッセージが全く届かない。働けど働けど人並みの生活ができない。非正規というだけで、研修を受ける機会も昇進する機会も昇給する機会もない。成長を実感する機会が極めて乏しいというのはいったいどういうことなのだろう。

コロナ禍でたくさんの人たちが仕事を失い、住まいに困り、食事に困った。そんな人々の多くが非正規だったことを鑑みれば、有期雇用が人間の尊厳を満たすには十分でないことがわかるだろう。

そして、コロナ禍で注目された「エッセンシャルワーカー＝日常に必要不可欠な職業」の多くは非正規で働く人たちだった。

スーパーやドラッグストアには、パートなど非正規の人たちがたくさん働いている。清掃や警備に携わる人たち、宅配のドライバー、介護施設、保育園などで働く人たちも多くが非正規だ。しかも、圧倒的に女性が多い。看護師は9割以上が女性（厚生労働省調べ）、介護職も全体の7割近くが女性で、利用者の自宅を訪問し、生活援助に携わる訪問介護員の87・8％が女性職員だ（平成29年度介護労働実態調査）。保育士も9割以上が女性だし、スーパーのレジ打ちもほとんどが女性だ。

「誰でもできる仕事だから保育士の給料は低い」としゃあしゃあと言い放った企業家がいたけど、そうやってバカにした職業の人たちが社会の基盤を支えてくれている。私たちは、ホワイトカラーの正社員による仕事ではなく、むしろ賃金も待遇も分が悪い非正規の人たちがいてくれるからこそ、生活できている。

流通各社で従業員に手当や一時金を支給する動きを、メディアは美談として伝えていたけど、美談で終わらせてはいけないと思う。

私はこれまで講演会や取材で全国の企業を1000社以上回っているけど、その中には「私、まだパート歴10年のひよっこなんです」と笑いながら話す女性たちがいる会社があった。

そこには「会社は人を育てる場。雇用し続けることが会社の責任」という社長さんの信念があった。その会社の、パート・非正規の雇用保険加入率は１００％で賃金差もほとんどない。熟練のパートさんが正社員の新人教育をし、まるで母親のように若い社員たちのサポートをしていた。

「働くことの本質を公平に享受できる社会」を目指すか。あるいは「こぼれ落ちる人は自己責任」とさらなる格差を容認するか。

それを選択するのは他でもない私たち自身だ。

第5章

これから始まる社会のニューノーマル

昭和おじさん社会からの脱却

変化する社会に「私」がいない

コロナの騒ぎで、それまでわかっていたのに隠されていたものが「パンドラの箱」から次々と飛び出してきた。コロナ後の日本は、どうなってしまうのか。

「人類の歴史は感染症との戦いだった」「感染症により文明は発達した」といった言説がコロナ禍で何度も繰り返されている。果たして、新型コロナウイルス感染拡大が私たちに突きつけていることはなんなのか？　自然破壊、温暖化への警告か？　連帯か分断か？　と、私たちは100年に一度のパンデミックに遭遇したことの意味を問い続けている。

「ペストは近代の陣痛」と呼ばれ、14世紀の流行では中世社会の崩壊をもたらし、資本主義と自由経済の始まりになったが、今度のコロナ禍で移動の制約と人との接触を禁じられた私たちは「会わなくてもいい社会」をつくり出す動きを急速に始めた。

インターネット世界で生まれ育った若者たちは、先陣を切ってＹｏｕＴｕｂｅなどで発信し、ミュージシャンたちは新しい表現方法を考え、学生はSkypeで就活をし、Zoom飲み会やオンライン帰省で遠く離れた友人や家族とつながり、早々に「アフターコロナ」「Withコロナ」で予測される未来像の議論を始めた。

そんな劇的な世の中の変化は、二の足を踏んでいるアナログ世代をも放っておかなかった。テレワークを信用していなかったおじさんたちが在宅勤務になり、大学のオンライン授業の収録とシラバス作りに先生たちは翻走し、否応なしに新しい日常に取り込まれた。

前にちょっとでも踏み出せば不安は軽減されるものだ。コロナ感染の拡大はすべての人を不安にしたけれど、「新しい社会」の一員になることで、「コロナで社会は変わる」と確信し、うっすらと差し込む光の中に新たな問題と課題を見つけたようだった。

一方で、そんな〝変化の風〟に、取り残されてしまった人たちがいる。

世の中がすっかり変わってしまったように見えるのに、そこに「私」が見えない。〝彼ら〟を追いつめるのは、いつだって社会のゆがみだ。

コロナで居場所を失った人々の声

「結局、事情を考えると、突然解雇されても文句が言えないんです。今月の支払いができず食べる物もない人間がいるってことを……、もっと理解してほしい」

新型コロナ感染拡大が深刻化した4月中旬、SNSで「フィールドワークのインタビューを、今こそやりたいのにできない状況なので、新型コロナウイルスの影響で、派遣切り、解雇、倒産、減給など、生活が立ち行かなくなった方、メッセージでお知らせください！」と呼びかけたところ、たくさんの人たちからメッセージやメールが届いた。

件の男性もそのひとりだ。かつて娯楽関係の企業の営業マンとして勤めていた男性は、40歳のときに体を壊して退職。その後タクシー会社に再就職し、20年勤務した。コロナ禍で1月下旬頃から客足は減っていたけど、まさか解雇されるとは夢にも思わなかったという。解雇を言い渡される2週間前に介護をしていた父親が亡くなっていたため、葬式代やら納骨代やらですでに出費がかさみ、貯金は底をつき借金だけが残った。

また、がんと闘いながら働いていた50代の独身女性は、自宅待機で給料が入らず将来の不安に襲われていた。

彼女は5年前にがんを宣告され、勤めていた会社から「治療と仕事は両立できない」と一方的に契約を解除された。その後再就職先を探すも、日によって体調の変化が大きいがん患者を雇ってくれる会社はなかった。一時生活保護をうけるが、「それまで普通に自活できていた人間にとって、みなさまのおカネで生活することは予想以上に精神的に負担だった」と語る彼女は、うつ傾向になりますます追いつめられる。

そんな中、2年前にやっと「がん患者だろうと関係ない」と採用してくれたのが、今の会社だったという。ところがコロナ禍で自宅待機が続き、復職の見込みは日に日に消えていった。貯金はほとんどない。「体を動かす仕事は難しいのですが、スーパーの品出しのバイトなら雇ってくれるところがありそうなので、背に腹は代えられないので思案中です」と、自分を奮い立たせるように話した。

他にも、障害者雇用枠で働く人、脳梗塞で昨年まで自宅療養し、やっと再雇用が決まり

「頑張ろう！」と意気込んだ直後にコロナ禍で契約切りにあった50代の男性、病弱な子どもを育てるシングルマザー……など、突然「明日どう生きたらいいのか」もわからなくなってしまった人たちが、「自分と同じような立場の人の悲惨な状況を知ってもらえたら、それだけで嬉しい」と、ご自身の状況を実に丁寧かつ冷静に語ってくれたのだ。

当時、新型コロナウイルスの影響から解雇や雇い止めにあった人数は３０７６人（厚生労働省２０２０年４月24日時点）。連絡をくれた一人ひとりのお話に耳を傾けると、「３０７６」という数字だけでは決して知り得ないストーリーがあった。「体温」と言い換えてもいい。コロナはすべての人たちから平等に日常を奪ったが、その影響力は平等ではなかった。リソースが欠けている人々は、日常が喪失したことでたちまち「居場所」を失っていた。コロナ以前は、私たちと同じ日常の中にいる〝隣人〟だったにもかかわらずだ。

メディアではこの手の話をドラマティックに伝えがちだ。それをお茶の間で見た人たちは、「画面の中の人」に同情し、「もっと失業者増えるぞ」「また何人も自殺者がでるぞ」と数字に置き換えようとする。この無意識の操作こそが、「持てる者」と「持たざる者」の間に立ちはだかる壁のように思う。

「家族に頼るべき」という暴論

私は大学院のときに「量的な調査（アンケートなどを実施し統計的に分析する手法）だけに頼ると実態に合わないことがある」と何度も教育された。臨床でドクターを経験したのち大学院に戻った先生は、「質的調査（インタビューなどから分析する手法）は、個人的な意見で汎用性がないと非難する人が多いけれど、現場でホントに生かされるのは、生の個人的な声だ」と教えてくれた。

その真意は「それぞれの人生があり、それぞれの事情がある」という、実にシンプルで当たり前のことだと改めて思う。そして、今回、生の声に耳を傾ければ傾けるほど、人は誰しも「私はここにいるんだ」と叫びたいのだと気づいた。「数字」はその声を消してしまうのだ。

日経ビジネス電子版で彼らの事情を公開したとき、コメント欄には「まずは家族に頼るべき」「生活保護を申請すればいい」という意見が散見された。だが、私に連絡をくれた人たちはみな「頼れる家族」がいなかった。

5月4日に緊急事態宣言の延長が決まったあとの記者会見で、安倍首相は「家族」という言葉を何度も繰り返した。「ゴールデンウィークには実家に帰省」「家族で旅行」「愛する家族の命を守る」「いつかきっと、また家族でどこかに出かける」「今は、どうかおうちで家族との時間、家族との会話を大切にしていただきたい」と。

しかしながら、帰省する実家も、一緒に出かける家族も、守りたい家族も、「連絡がつかない」と心配してくれる家族も、〝彼ら〟にはいない。

それは彼らの自己責任なのか？　いや、違う。さまざまな事情でそうなっただけ。生きていればいろんなことがある。ちょっとした時間の動き次第で、誰もが〝隣人〟と同じ立場になる。

人類は「互いに依存しあう集団」をつくることで生き延びてきた。その結果、自然発生的に生まれたのがコミュニティだ。「コミュニティ」という用語は、数ある社会理論用語の中で、珍しくネガティブな意味を持たない。古くから世界中の人々がカフェやパブ、公園などに集い語り合うことで、「社会的なつながり」と「自分の居場所」を見いだしてきた。

一般的にコミュニティの最小単位は「家族」とされているけれど、私は「会話」だと考えている。たとえ血がつながっている家族でも、そこに会話がなければコミュニティじゃない。反対に、血がつながっていなくとも会話が存在すれば「家族のような」コミュニティになる。

会話がつくるコミュニティは、メンバーがお互いの存在に価値を感じ、自分の貢献がメンバーにプラスに波及すると信じられる集団である。それは「コミュニティ」が互いに依存する集団であることを意味している。誰もが例外なく、何かに依存して生きているのだ。

なのに、なぜか人は表立って依存することを嫌う。依存する人は弱い人、甘えている人と揶揄し、自分が依存したい場合でさえSOSを出すことをためらいがちだ。「助けて」と言った途端自分が壊れそうで、とてつもなく弱い人間になってしまうようで言えないのだ。

自己責任論が拡大したのも、「自分は助けてって言いたいのに言わないで生きてるんだよ」

という息苦しさが一因ではあるまいか。

しかし、今一度考えてみてほしい。みな何かに依存して生きているということを。人は弱くて、それでいて強い。自立と依存はコインの表と裏ではない。真の自立は依存の先に存在する。

生産性というモノサシから抜け出す

障害学（disability studies）という学問がある。

従来の医療モデルが「障害そのもの」にスポットを当てるのとは異なり、障害学は「障害を生み出す社会について考える」学問だ。私の専門とする健康社会学と通じる部分があるので少しばかり大学院のときに学ばせてもらった。

障害学の研究者のひとりが、「身体に障害を持つ人が、〝障害者〟と区別されるようになったのは、産業革命と大きく関係している」と教えてくれたことがある。産業革命によって誕生した「歯車としての人」は生産性を上げることだけを目的に存在し、「生産活動にプライオリティを置く社会である以上、障害者は社会における無駄な人にならざるをえない」と、今の社会のあり方を戒めた。

私は講義を聞いて、とても考えさせられた。

「生産活動にプライオリティを置く社会である以上、障害者は社会における無駄な人にならざるをえない」という文章の「障害者」という部分を、「高齢者」「病を患った人」「働きながら介護している人」「働きながら育児をする人」などと置き換えてみると……悲しいかな文章は成立してしまうのだ。

この先も資本主義社会がなくなることはないだろうし、今後はますます生産性の向上が重視され、「人が働く場」は限りなく減っていくことが予想される。コロナ禍でも全くダメージを受けなかった富裕層はもっともっと稼ぐようになる一方で、中間層の没落が加速する。グローバリゼーションが、途上国や中進国の所得を高め絶対的貧困層を減少させた一方で、先進国の低中間層の所得を停滞あるいは引き下げたことは広く知られているけれど、中間層の没落はより深刻になる。

厚生労働省の「国民生活基礎調査」によると、2018年の中位所得は1992年の549万円から423万円に低下し、18年の平均所得（551・6万円）以下の所得しか得ていない世帯は62・4％に上る（図5−1）。

いわずもがな、会社員は平均的な所得階層であり、日本の主たる税の負担者だ。今後は育児や教育、医療などの負担増に加え社会保険料の増加に直面し、コロナ禍での社会経済の混乱で負担増加はどうしたって避けられない。

そもそも生産性とはなんなのか？　生産性はなんのために上げるべきものなのか？　こぼれ落ちる人を生み出す社会のしくみが、本当に生産性向上をもたらすのか？

どこぞの国会議員がLGBT問題を語るのに生産性という言葉を使い、障害者施設で暮らす人たちの命を奪った犯人が生産性を殺害の理由にしたとき、誰もが憤りを感じたはずだ。生産性はカネと結びつく価値であって、人が生きる深み、当たり前の日常の価値は、生産性

図5-1
「平均所得金額以下」の世帯が62.4%

所得金額階級別世帯数の相対度数分布（2018年調査）

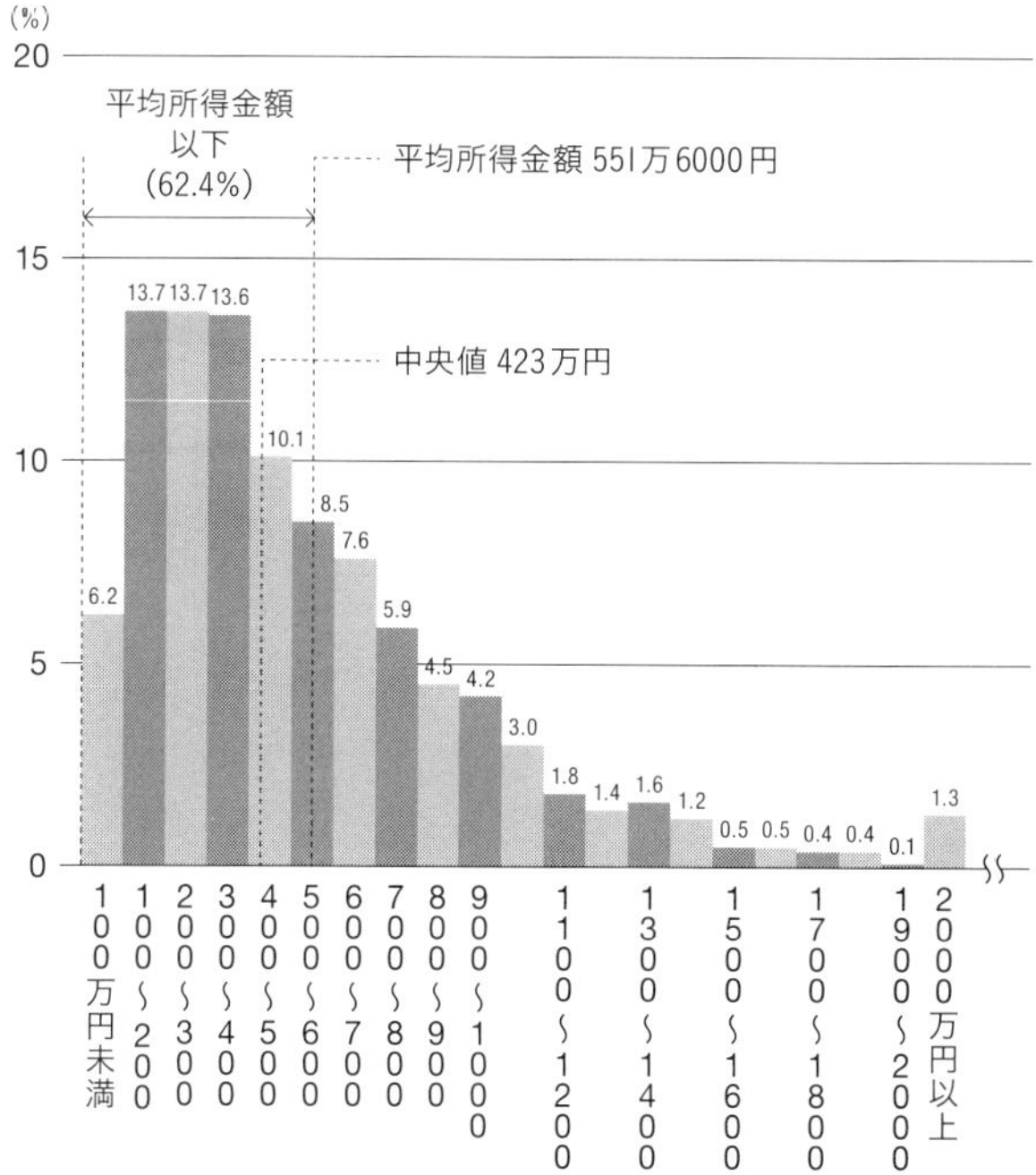

出所：厚生労働省「平成21年国民生活基礎調査の概況」

では決して測ることができない尊いものだ。

100年に一度のパンデミックに私たちが遭遇した意味は、〝そこ〟にある。生産性というモノサシから「人」が抜け出すチャンスをくれた。そう考えることはできないだろうか。

あえて無駄をつくれ!

この先広がる新しい世界は今まで以上に、無駄が省かれた効率的な社会になるに違いない。科学技術が進歩すればするほど、無駄な会話、無駄な時間、無駄な空間は必要なくなっていく。すでにテレワークやZoomなどを使ったウェブ会議で、会話も時間も空間も一気に効率化されたことを実感している人も多いはずだ。

だが、いつの時代も、人を豊かにするのは無駄な会話であり、無駄な時間であり、無駄な空間である。たわいもない会話をする中で、それまで知り得なかった一面を知り相手との距離感が縮まることがある。だらだらと無駄な時間を過ごす中で、思いもよらぬアイデアが浮かぶことがある。無駄な空間で共に過ごしているだけで、親近感がわいてくることだってある。

以前、インタビューした会社の社長さんがおもしろいことを話してくれた。

「うちの会社にはね、道場があるんです。職種、年齢、役職に関係なく、申請さえすれば自由に利用できる。3週間、シリンダー磨きをやるのが道場の仕事です。熟練した社員たちが借り出されて、教育係となってシリンダー磨きを一緒にやるの。

何を教育するかは彼らに任せているから知らないけど、道場から戻ってくると教育係も道場に行ったやつらも、みんな元気になってるから何か役に立つんだろうね」

この社長さんは「ものづくりの力が失われないように」と考えて道場をつくったという。

道場という、一見無駄な場所が「ものを生み出す発想力やひらめき」には大切な場所になると考えた。道場で過ごす3週間は、熟練の社員から「知」と「ワザ」を受け継ぐ時間にもなる。無駄な会話、無駄な時間、無駄な空間こそが、人を元気にし成長させる大切な無駄になっていたのだ。

働く人の生きる力とSOC（首尾一貫感覚）

私はこれまで一貫して長期雇用＝職務保証（第3章参照）の重要性を訴えてきた。理由は実にシンプル。それが働く人の生きる力を引き出す最良の手段だからだ。

ここでの生きる力は、「Sense Of Coherence（SOC）」という概念で説明することができる。

SOCは日本語では「首尾一貫感覚」。文字通り解釈すれば、自分が生きている世界はコヒアラント（coherent）である、つまり、筋が通っている、腑に落ちる感覚である。

私たちは幼い頃は、自分の生活世界を自分の好みに応じて選択する。「お人形さんが好き。ニンジンは嫌い。サクラちゃんが好き。勉強は嫌いだけどピアノは好き」「車が好き。ピーマンが嫌い。お兄ちゃんが好き。サッカーが好き」といった具合だ。

しかしながら、年齢を重ねるにつれ自分の世界が広がるとともに複雑さが増し、さまざまな矛盾が生じ、自分の好みとは相容れない生活世界に生きることを余儀なくされる。そんなときに「人生思いどおりにはいかないけど、捨てたもんじゃない」と、人生のつじつまを合わせられる感覚を持てれば、人生に悲観せず前向きに生きることができる。

とはいえ、「人生捨てたもんじゃない」という感覚は、内面的な感情だけで決まるものではない。

自分だけではどうしようもないストレスの雨が降ったときに、「傘を貸してください」と言える信頼できる他者がいれば「ひとりきりじゃない」と勇気が出る。ストレスの雨にびしょ濡れになっているときに、「この傘使いなよ」と傘を差し出してくれる人がいれば「生きていていいいんだ」と自分の存在を認めることができる。そういった決して孤立しない質のいい環境があって、初めて「生きる力」は引き出される。

そこにはSOCの強弱を左右する経験パターンが存在する。「一貫性」「過小負荷―過大負荷のバランス」「結果の形成への参加」の3つだ。一貫性とは、「あなたは大切な人」というメッセージを感じ取る経験であり、過小負荷―過大負荷のバランスとは「困ったときに必要なリソースに自由にアクセスできる」経験であり、結果の形成への参加とは「自分が関わることが周りに影響する」経験である。職場のそれは「職務保証」「裁量権と能力発揮の機会」「仕事の誇り」だ。

「人生捨てたもんじゃない」と思える社会とは

コロナ禍では、医療の最前線で戦っている人や、お客さんが激減したお店の店主たちを救おうと、多くの人たちが立ち上がった。シングルマザーやシングルファザーの助けになればと、子どもたちにお弁当をつくった人たち、ＩＴやＳＮＳという新時代の武器を駆使して、新しい支援方法を考え提供した人たちもいた。

助ける側に立った人たちは、必ずしも「持てる人」だけじゃなかった。

出荷先のお店がクローズしてしまい育った野菜の行き場に困っていた人たち、仕事が激減し自分のＩＴスキルを生かす場所を失った人たち、少ない年金で暮らす高齢者たちが、「何か役に立ちたい」と立ち上がって、新たなコミュニティができあがっていた。

会社の社長さんも立ち上がった。「社員の雇用をなんとか守れないか」と奔走した。ホテルマンがトマト農家で働き、タクシー運転手がシェフがつくった料理をデリバリーした。そして、「よし！　もっと応援しよう！」と広告をつくり、サイトをつくり、それを見た地域の人たちと結びついた。

そこには例外なく互いを尊重する敬意があったし、みなが自分の仕事に誇りを感じていた。そして「ありがとう」と言うこと、「ありがとう」と言われることに喜びを感じ、その関わりの中に「希望」を見つけたようだった。

新型コロナウイルスの出現により、あったはずの日常が消え、人と人が引き離され、あらゆるビジネスが滞った。差別、罵倒、嫉妬、猜疑、憎悪など、あらゆる邪悪な感情が日本中を飛び回り、今まで隠されていた問題がパンドラの箱から次々と飛び出し、最初の頃はその問題を抱えて生きていくことに怯えるしかなかった。

だが、今は新しいつながりが少しずつ生まれ、「ひとりぼっちじゃないんだ」「生きていていいんだ」と思える〝微笑みの風〟が吹き始めている。

大きな社会の動向に比べればとても小さい変化ではある。それでも私たちの行い次第で、

「人生捨てたもんじゃない」という社会がつくれることを、人に宿ることでしか生き残れないウイルスは教えてくれた。

私はこんなにもみんなが「誰か」を思いやる日常を見たことがない。

ソーシャル・ディスタンシングは、人との距離を物理的にとることだが、そこには「感染したくない、感染させたくない」という気持ちがあった。おかげでレジでまごついているお客さんに苛立ち、列の後ろから「さっさとしろよ！」などと怒鳴る人はいなくなった。「自主休業すると収入はなくなるけど、今踏ん張った方が日常が早く戻る」と休業に踏み切ったり、「お客さんの安心が一番」と座席を減らしたお店は、カネより人を優先した。在宅勤務で子どもとの時間が増え、家事を分担するようになり、地方に住む年老いた父、母に電話をし、みんなみんな「誰か」を思いやった。

100年に一度のパンデミックで「新しいつながり」が生まれたのだ。そして、真っ正面から見つめて話すこと、不安そうな手を握ること、嬉しくて思わず抱きしめること……、そういった直接触れ合うことが、とても特別なことで、大切なことで、それができなくなったときの喪失感を私たちは学んだ。

パンドラの箱の片隅には、けし粒ほどの光る石が残っていた。互いを支え合うことで、私たちは「希望」という文字が書かれた石が放つ光に気づくことができたと、私は思う。そう。私たちの社会にはまだ「希望」がある。

新しい社会のカタチをつくる「他人力」

人は誰もが心の奥底に「ホープ（ＨＯＰＥ）」を持っている。

ホープは直訳すると希望だが、希望とは若干ニュアンスが異なり、第１章に書いた「ベネフィット・ファインディング」のプロセスで引き出される、「逆境やストレスフルな状況にあっても、明るくたくましく生きていくことを可能にする内的な力」だ。これは「共に生きてくれる人」の存在に気づき、他者と質のいい関わりの中で高められる。

私が在籍した研究室（東京大学大学院医学系研究科健康社会学教室）で一般の成人男女

300人を対象に行った調査でも、自分を大切に思ってくれる人、信頼できる人がいることで、ホープが強まる傾向が認められている。

人間というのは実にやっかいで、絶好調なときほど周りが見えなくなり、自分の力だけで生きていけるような気分になる。一方、困難な状況になればなるほど他者の温かさに敏感になり、人を慈しむことができる。他者とは光。いつだって人を救うのは「人」だ。厳しい言い方をすれば「光」は自分で見つけるしかない。だが誰もが他者のホープを引き出す存在になれる。

1970年代の日本では、光を見いだす努力をしなくとも社会全体が希望に満ちていた。経済が拡大する中、誰もが「もっと稼げる」「もっといい仕事ができる」「もっと出世できる」「もっと成長できる」と明るい未来を根拠なく想像した。やがてグローバリゼーションで競争が激しくなり、競争に勝った一部の人だけが報われる社会に変容したのに、「ひょっとしたら自分も」とかりそめの期待のもと、勝ち目のない競争に多くの人たちが身を投じていた。

前述した私たちのホープに関する調査では、非常に興味深い結果が得られている。ホープは、経済的ゆとりや時間的ゆとりとの関連をほとんど見いだすことはできなかった。しかし、精神的なゆとりとは強い関連が認められたのだ。今回のコロナ禍のようにみんなが感染の不安と脅威を感じているときでも、ちょっとだけ周りより精神的にゆとりある人が他者を大切に思う気持ちを持つことさえできれば優しい社会になるのではないか。

経済的な格差は今後さらに拡大していくことは避けられない。だが、「他人力」さえあれば大丈夫だ。苦しい人がいたら「この傘を使って」と傘を差し出し、苦しくて苦しくて仕方ないときは、傘を差し出す人にためらうことなくその傘にすがればいい。重たければ手を添えてもらい、雨の中一歩踏み出せなければ背中を押してもらう。そうやって互いに傘を貸し合えば、「新しい社会のカタチ」が生まれていく。

誰もが幸せになりたいと思う。幸せは自分の日常の、自分の周囲の環境、半径3メートルにある。

人とのつながり、社会との関わり、生命の尊さ。それらの大切さに気づくことが、生きる力を高め幸福感を高める。生産性とはその結果の産物でしかないのだ。

本書は、日経ビジネス電子版（https://business.nikkei.com/）で連載中の、「河合薫の新・社会の輪　上司と部下の力学」を大幅に加筆のうえ編集したものです。

河合 薫 かわい・かおる

健康社会学者（Ph.D.）。東京大学大学院医学系研究科博士課程修了。千葉大学教育学部を卒業後、全日本空輸に入社。気象予報士としてテレビ朝日系「ニュースステーション」などに出演。その後、東京大学大学院医学系研究科に進学し、現在に至る。「人の働き方は環境がつくる」をテーマに学術研究にかかわるとともに、講演や執筆活動を行っている。著書に『他人をバカにしたがる男たち』『他人の足を引っぱる男たち』『定年後からの孤独入門』『残念な職場』『面倒くさい女たち』等。

日経プレミアシリーズ｜434

コロナショックと昭和《しょうわ》おじさん社会《しゃかい》

二〇二〇年六月二五日　一刷
二〇二〇年七月二〇日　二刷

著者　河合 薫
発行者　白石 賢
発行　日経ＢＰ
日本経済新聞出版本部
発売　日経ＢＰマーケティング
〒一〇五―八三〇八
東京都港区虎ノ門四―三―一二

装幀　ベターデイズ
組版　マーリンクレイン
印刷・製本　凸版印刷株式会社

© Kaoru Kawai, 2020
ISBN 978-4-532-26434-5　Printed in Japan
本書の無断複写・複製（コピー等）は著作権法上の例外を除き、禁じられています。
購入者以外の第三者による電子データ化および電子書籍化は、私的使用を含め一切認められておりません。本書籍に関するお問い合わせ、ご連絡は左記にて承ります。
https://nkbp.jp/booksQA

日経プレミアシリーズ 348

他人をバカにしたがる男たち

河合 薫

駅やコンビニで暴言を吐く、上だけを見て仕事する、反論してこない人にだけ高圧的、相手の肩書き・学歴で態度が別人――こんな人、気になりませんか？ 本書では、女性の中でも進む、現代人の「ジジイ化」に焦点を当て、健康社会学の視点から、わが国にはびこる「ジジイ」と「粘土層」の生態を分析。70歳現役社会で男女が輝くヒントを紹介します。

日経プレミアシリーズ 400

他人の足を引っぱる男たち

河合 薫

会議でわざと相手が答えられない質問をする、人望のある部下を閑職に飛ばす、同僚の悪評を上司に流す、権力者におもねり反対勢力をつぶす――この現代においても、非生産的な足のひっぱりあいが日本の組織にはびこるのはなぜか？ 個人をむしばみ、〝ジジイ化〟をうながす「会社員という病」の根源に迫る。

日経プレミアシリーズ 433

コロナクライシス

滝田洋一

新型コロナウイルスの大流行は、グローバル化した世界をずたずたに引き裂いた。「対岸の火事」と慢心していた欧米諸国、隠蔽と強権、「マスク外交」の中国、政府の危機管理と国民の忍耐力が試されている日本――。日経編集委員・WBSキャスターによる緊急レポート。